Glaube und …

Warum der reformatorische Grundsatz
„Sola Fide" – „Allein aus Glauben"
irreführend ist

Eine kritische Auseinandersetzung

Alexander Basnar
Wien, 2010/2015

Bibliografische Information der Deutschen Nationalbibliothek:
Die Deutsche Nationalbibliothek verzeichnet diese Publikation in der Deutschen
Nationalbibliografie; detaillierte bibliografische Daten sind
im Internet über www.dnb.de abrufbar.

Herstellung und Verlag:
BoD – Books on Demand, Norderstedt

ISBN: 978-3-7386-3864-6

 Für die
Gemeinden
Christi

Kontakt:
Alexander Basnar
alex.basnar@telering.at

Inhalt:

Vorwort

Waren der Herr Jesus und Seine Apostel Evangelikale? Was soll die dumme Frage, natürlich nicht! Oder ist die Frage doch nicht so dumm? In der Apologetik gegenüber der römisch-katholischen Kirche verweisen wir doch ganz gerne darauf, dass weder der Herr noch Seine Apostel jemals etwas vom Fegefeuer oder der Marienverehrung gesagt hätten, Glaubenslehren, die nachweislich auch in den ersten beiden Jahrhunderten des Christentums unbekannt waren. Also vertritt die römisch-katholische Kirche Lehren, die vergleichsweise jung sind. Das letzte Mariendogma wurde erst in den 1950er Jahren verkündigt (Mariä Himmelfahrt). Darum ist die Frage, ob der Herr und Seine Apostel römisch-katholisch gewesen sind, für manche ein Augenöffner, um zum biblischen Evangelium durchzudringen.

Doch dem Herrn ist zweierlei Maß ein Gräuel (Spr 20,10), und Er wird uns mit dem Maß messen, mit dem wir andere gemessen haben (Mt 7,2). Darum ist die Frage, ob der Herr Jesus und Seine Apostel Evangelikale waren, nur fair. Was zeichnet diese Bewegung aus, wenn sie sich nicht nur in Antithesen definiert ist (wir glauben nicht an das Fegefeuer und wir verehren Maria nicht)? Es ist der Grundsatz, dass wir „allein" aus Glauben gerettet werden. Oder „allein" aus Gnade. Im Grunde gehören beide Aussagen eng zusammen. Es wäre eine interessante Herausforderung für jeden Evangelikalen, auch nur einen einzigen Vers zu finden, in dem der Herr Jesus selbst das Wort Gnade gebrauchte. Einen solchen gibt es nicht. Allein diese Beobachtung macht die Frage interessant, ob die Behauptung wir würden „allein" durch Gnade oder „allein" durch Glauben errettet, wirklich mit der Lehre des Herrn und Seiner Apostel übereinstimmt.

Wenn ja, dann könnte man mit Fug und Recht sagen, die Evangelikalen glauben dasselbe Evangelium, das die Apostel vom Herrn empfangen und in der Heiligen Schrift überliefert haben. Wenn nicht, dann gibt es ein Problem, wenn auch kein Unlösbares ...

*Der Gerechtfertigte sagt: „Ich habe die
ganzen Sünden vollbracht; Jesus hat die
ganze Erlösung vollbracht."
Echter Glaube schließt jede Möglichkeit
der Selbsterlösung, der Selbsthilfe und der
Selbstverbesserung aus und erwartet alles
von Christus, dem Erlöser.*

(William MacDonald,
Kommentar zu Röm 3,27)

Sola Fide – der Schriftbeweis?

„Sola Fide" – Allein aus Glauben. Das ist das Hauptkennzeichen der Reformation, wodurch sich fast alle aus diesem Umbruch hervorgegangenen Bewegungen von der römisch-katholischen Kirche deutlich unterscheiden. Der Hintergrund dieser Erkenntnis war die Suche Martin Luthers nach einem gnädigen Gott. Für ihn war es eine tief befreiende Erkenntnis, dass der Mensch nicht durch Wallfahrten, Fasten, Sakramente, Ablässe und viele gute und fromme Werke Gott erst zufrieden stellen muss, um von Ihm angenommen werden zu können. Wir werden aus Gnade durch Glauben errettet. Diese Erkenntnis war damals bahnbrechend und ist es noch heute.

Das Problem liegt aber in der Eigendynamik von Polemik, Debatten, Verfolgung und Apologetik, die immer wieder in der Kirchen- und Dogmengeschichte an sich richtige Erkenntnisse verzerrt und entstellt haben. Ich kann mich selbst gut erinnern, wie ich nach meiner Bekehrung in (besserwisserischen) Diskussionen mit Katholiken dieses „allein aus Glauben" vertreten habe. Heute schäme ich mich dafür.

Ein Beispiel, wie das „allein aus Glauben" von vielen Evangelikalen heute verstanden und vertreten wird, sollte vielleicht vorausgeschickt werden. Damit will ich weder behaupten, dass Luther so gedacht hätte (Luther hat sehr viel geschrieben und sich dabei meistens in extremen Formulierungen Gehör zu schaffen versucht, die für sich genommen zumindest „problematisch" sind), noch dass alle Evangelikalen so denken, denn die evangelikale Bewegung ist alles andere als einheitlich. Das Zitat stammt aus „Grundlagen biblischer Lehre" (Christliche Verlagsgesellschaft, Dillenburg 1994) von Lewis S. Chafer und John F. Walvoord vom als konservativ und bibeltreu eingestuften Dallas Theological Seminary:

(Walvoord und Chafer, S 191-192) Im Neuen Testament wird an etwa 115 Stellen gesagt, dass die Errettung eines Sünders **allein** davon abhängt, dass er glaubt, und an etwa 35 Stellen, dass sie abhängig ist von seinem Glauben. Wenn ein Mensch glaubt, ist er bereit, Christus zu vertrauen. Dies ist ein Akt des ganzen Menschen, nicht nur seines Verstandes oder seines Gefühls. Intellektuelle Zustimmung oder reine Gefühlsaufwallungen sind kein wirklicher Glaube. Der Glaube ist ein bewusster Akt, bei dem der Mensch bereit ist, den Herrn Jesus Christus im Glauben aufzunehmen.

Überall in der Schrift wird dieses Zeugnis der Wahrheit bestätigt. Nur Gott allein kann einen Menschen retten, und Gott kann einzig und allein durch das Opfer Seines Sohnes retten. Der Mensch kann diese Botschaft **nur im Glauben** annehmen und sich **von seinen eigenen Werken abwenden** und ganz abhängig machen von dem Werk Gottes durch Christus. **Glauben ist das Gegenteil von irgendwelchem eigenen Tun;** es bedeutet stattdessen, einem anderen zu vertrauen. Daher werden die Schrift und die ganze Lehre von der Gnade verkehrt, wenn die Errettung von etwas anderem als dem Glauben abhängig gemacht wird. **Die göttliche Botschaft lautet nicht,** „glaube und bete", „glaube und bekenne deine Sünden", „glaube und bekenne Christus", „glaube und lass dich taufen", „glaube und tue Buße" oder „glaube und mach dein Unrecht wieder gut". Diese sechs Aussagen sind in der Schrift genannt, und dort haben sie auch ihre Bedeutung; doch wenn sie genauso wichtig für die Errettung wären wie **allein der Glaube,** wären sie niemals in den Bibelstellen, die von der Errettung des Menschen sprechen, weggelassen worden (lesen Sie Joh 1,12; 3,16.36; 5,24; 6,29; 20,31; Apg 16,31; Röm 1,16; 3,22; 4,5.24; 5,1; 10,4; Gal 3,22). Die Errettung geschieht nur durch Christus, und **die Menschen sind erlöst, wenn sie Christus als ihren Retter annehmen.**

Diese Auffassung hört man oft, und ich meine, sie kann als weitgehend repräsentativ gelten. Der Glaube wird gleichgesetzt mit der Bekehrung, einem „punktuellen" Ereignis in der Biografie eines Menschen (was besonders im letzten Satz deutlich wird). Die Behauptung, der Glaube „allein" rette, wird in diesen zwei Absätzen mehrfach wiederholt und eingeschärft. Besonders der erste Satz erweckt den Eindruck, als ob diese Lehre in der Schrift immer wieder bekräftigt würde. 115 Stellen würden demnach belegen, dass „allein" der Glaube rette. Sämtliche Beispiele, die von einem „Glaube und …" reden, werden vom Tisch gewischt.

Es mag schockierend klingen: Das Wort „allein" kommt im Neuen Testament nach der Elberfelder Übersetzung 92 mal vor, aber nicht ein einziger Vers sagt, man werde „allein" aus Glaube errettet. Das Gegenteil ist der Fall. Weil das eine so wichtige Frage ist, nehme ich die Konfrontation bewusst in Kauf, die diese Zeilen mit Sicherheit hervorrufen werden.

Wie steht es aber mit Römer 3,28? Steht dort nicht, dass wir allein aus Glauben gerechtfertigt würden?

(Römer 3,28 – Luther 1984) So halten wir nun dafür, dass der Mensch gerecht wird ohne des Gesetzes Werke, **allein** durch den Glauben.

Die Luther-Übersetzung ging im Laufe der Jahrhunderte durch mehrere Revisionen, um sie sprachlich zu verbessern oder auch Anpassungen gemäß der besseren Kenntnis des Urtextes vorzunehmen. So verschwand beispielsweise das altertümliche „sintemalen", und Apg 8,37 wurde in die Fußnoten verschoben, weil die textliche Überlieferung dieses Verses zu umstritten ist.

Das sind gute und notwendige Revisionen, die uns helfen, den Text besser zu verstehen und den Glauben nicht auf Schriftstellen zu begründen, die vielleicht gar nicht zur ursprünglichen Bibel gehört haben (und deshalb wohl auch nicht als inspiriert eingestuft werden können).

Was nun jedoch seltsam ist, ist die Tatsache, dass manche Fehler beinhart weitertradiert werden, obwohl sie ebenso offensichtlich sind. Dazu gehört das Wort „allein" in Römer 3,28. Jeder, der eine Interlinearbibel hat, kann das nachprüfen: Das Wort „allein" steht nicht im griechischen Grundtext, und deshalb kommt es auch in anderen Bibelübersetzungen nicht vor. Dort heißt es dann, wie in der Elberfelder Bibel (aus der ich auch in der Folge zitieren werde):

(Römer 3,28) Denn wir urteilen, dass ein Mensch durch Glauben gerechtfertigt wird, ohne Gesetzeswerke.

Das ist keine Nebensächlichkeit, denn es gibt tatsächlich einen Vers, in dem die Worte „Glaube", „allein" und „gerechtfertigt" vorkommen, allerdings mit einer Negation:

(Jakobus 2,24) Ihr sehet also, dass ein Mensch aus Werken gerechtfertigt wird und **nicht aus Glauben allein.**

Wir erkennen sehr schnell, dass Jakobus 2,24 mit Röm 3,28 in einem direkten Widerspruch stünde, hätte Paulus tatsächlich geschrieben, wir würden „aus Glauben allein" gerettet oder gerechtfertigt. Das Wort für allein ist „monos" und meint tatsächlich „einzig" und „allein".

Jakobus lehrt wohlgemerkt nicht, dass wir aus Werken allein gerechtfertigt würden. Es ist auch bei Jakobus der Glaube, der rettet, aber im Zusammenhang mit den Werken; er schreibt kurz davor:

(Jakobus 2,22) Du siehst, dass der Glaube zu seinen Werken mitwirkte, und dass der **Glaube durch die Werke vollendet** wurde.

Der Glaube steht am Beginn des Weges mit Gott und wird durch die Werke vollendet. Bei Paulus im Römerbrief geht es um die Frage, wie Nichtjuden zu Gott kommen können. Müssen diese erst beschnitten und Juden werden, um Zugang zur Gnade Gottes zu finden? Nein, sagt Paulus. Einerseits ist das mosaische Gesetz in Christus zum Ziel (Vollendung – gr. telos) gekommen, andererseits muss der Mensch nicht erst eine Vorleistung bringen, um von Gott angenommen zu werden. Jeder Mensch wird aus Gnade durch Glauben errettet und gerechtfertigt. Das ist das Thema in Römer 3,28. Der gesamte Römerbrief hat aber das Thema, Christen den Gehorsam des Glaubens beizubringen. Damit beginnt und endet der Römerbrief:

(Römer 1,5) (durch welchen wir Gnade und Apostelamt empfangen haben für seinen Namen zum **Glaubensgehorsam** unter allen Nationen,

(Römer 16,26) jetzt aber geoffenbart und durch prophetische Schriften, nach Befehl des ewigen Gottes, zum **Glaubensgehorsam** an alle Nationen kundgetan worden ist,

Auch bei Paulus steht der Glaube also nicht allein da, und es ist grob irreführend, dass in der Luther-Übersetzung in Röm 3,28 das „allein" belassen wird und in sämtlichen evangelischen und evangelikalen Darlegungen des Evangeliums das „Sola Fide" groß herausgestrichen wird.

Jakobus erklärt, dass der Glaube durch die Werke vollendet wird; der Glaube ist also der Anfang eines Weges. Wir beginnen ohne Vorleistungen als Sünder vor Gott auf der Basis der Sündenvergebung in Christus, doch dann beginnt der Weg des Glaubens, der Nachfolge und der Heiligung. Hier wird der Glaube durch Werke bzw. Glaubensgehorsam vollendet. Die endgültige Errettung kommt nach unserem Abscheiden und basiert … auf den Werken:

(2. Korinther 5,10-11) Denn wir müssen alle vor dem Richterstuhl des Christus offenbar werden, auf dass ein jeder empfange, was er in dem Leibe getan, nach dem er gehandelt hat, es sei Gutes oder Böses. Da wir nun den Schrecken des Herrn kennen, so überreden wir die Menschen, Gott aber sind wir offenbar geworden; ich hoffe aber, auch in euren Gewissen offenbar geworden zu sein.

Dass es hier nicht um ein (hypothetisches) „Preisgericht" geht, das für die Gläubigen nicht über Heil oder Verdammnis, sondern bloß über den „Lohn im Himmel" entscheidet, wird meines Erachtens daran deutlich, dass Paulus auf den Schrecken des Herrn verweist.

Um den Irrtum des „allein aus Glauben" zu verdeutlichen, möchte ich einige Beispiele von „Glaube und" betrachten. Das soll jeweils relativ kurz geschehen, mit dem Ziel, die evangelikale Verkündigung des Evangeliums als unzureichend bewusst zu machen. Jeder kann sich gleich zu Beginn die Frage stellen, was die Konsequenzen wären, wenn sich die These, die hier in der Einleitung vorgestellt wurde, als richtig erweisen würde. Es wird, soviel kann ich vorausschicken, keine leichte Lektüre werden …

Wollt ihr Gewissheit haben, dass er sich damals nicht aus Furcht zurückzog? Um von jeder anderen Entschuldigung abzusehen; er hat ja selbst später den Märtyrertod wirklich erlitten; ihm hätte er sich doch sicherlich wiederum entzogen, wenn er es schon das erste Mal getan hätte. Allerdings hatte er damals Furcht, aber eine berechtigte: die Furcht nämlich, die sich scheute, den Herrn zu beleidigen, eine Furcht, die lieber den Geboten Gottes gehorchen, als im Widerspruch mit ihnen die Märtyrerkrone gewinnen wollte.

(Diakon Pontius über
Cyprian von Karthago, + 258)

Glaube und Bekenntnis

Ebenfalls im Römerbrief finden wir folgende bekannte Verse, die gleichfalls zum Thema haben, wie man errettet wird:

(Römer 10,8b-9) Das ist das Wort des Glaubens, welches wir predigen, dass, wenn du mit deinem Munde Jesum als Herrn **bekennen und** in deinem Herzen **glauben** wirst, dass Gott ihn aus den Toten auferweckt hat, du errettet werden wirst.

In diesem Vers ist der Glaube durch ein „und" mit dem Bekenntnis verbunden. Genügt es demnach, einfach von Herzen zu glauben, um errettet zu werden? Oder genügt es, Jesus mit den Lippen allein als Herrn zu bekennen? Letzteres ist uns klar, denn besonders freikirchliche Christen verweisen oft auf die Namenschristen in den Volkskirchen, die zwar das Glaubensbekenntnis mitbeten, aber nicht davon überzeugt sind. Aber auch umgekehrt gilt: Wer an Jesus zwar im Herzen glaubt, Ihn aber nicht als Herrn bekennt, hat keine Verheißung auf Errettung, denn das „und" bindet diese zwei Elemente zusammen, um aus beiden eine Einheit zu machen. Erst in der Einheit haben sie die Verheißung.

Schauen wir uns beide Seiten dieser Verheißung an:

(Johannes 11,25) Jesus sprach zu ihr: Ich bin **die Auferstehung** und das Leben; wer an mich glaubt, wird leben, auch wenn er gestorben ist; und jeder, der da lebt und an mich glaubt, wird nicht sterben in Ewigkeit. **Glaubst du dies?**

Der Herr Jesus bestätigt einmal die eine Seite der Verheißung, die den Glauben betrifft. Wie ist „glauben" hier zu verstehen? Jesus stellt eine gewaltige Behauptung in den Raum, die wir um Seiner Selbst willen für wahr halten sollen. Danach gibt Er ein Zeichen, indem Er Lazarus von den Toten auferweckt. Die eigentliche Grundlage des Glaubens ist letztlich aber Seine eigene Auferstehung. Wenn Paulus also schreibt, der Glaube an die Auferstehung Jesu sei notwendig, dann leitet sich das (unter anderem) von diesem Selbstzeugnis des Herrn Jesus ab. „Glaubst du das?" bedeutet in diesem Fall: „Hältst Du das für wahr und zuverlässig? Bist Du bereit, Dich auf mich einzulassen aufgrund dieser Behauptung (die dann belegt wird)?" Die Frage ist für uns nicht minder spannend, denn wir sind selbst weder Zeugen der Auferweckung des Lazarus noch der Auferstehung Jesu. Unser Glaube gründet auf Berichten von vielen Zeugen, die alle bereits seit langer Zeit entschlafen sind. Das ändert nichts an der Wahrheit ihrer Zeugnisse, wohl aber an der Nachprüfbarkeit. Der Glaube beruht daher auf einer Tatsache, die wir nicht beweisen können, beinhaltet also ein gewisses Wagnis. Das galt damals aber auch für die überwiegende Mehrzahl der Christen, die nicht die Gelegenheit hatten, nach Jerusalem zu fahren, um die Zeugen des Auferstandenen persönlich zu befragen.

Das Wagnis hat einen Einfluss auf die Freimütigkeit unseres Bekenntnisses. Das Christentum ist auch heute die am meisten verfolgte Religion der Welt. Von allen Menschen, die weltweit aus religiösen Gründen verfolgt werden, sind 80% Christen. Etwa 150.000 von ihnen verlieren dabei jedes Jahr ihr Leben. Jesus sagt zum Bekenntnis:

(Lukas 12,4-9) Ich sage aber euch, meinen Freunden: Fürchtet euch nicht vor denen, die den Leib töten und nach diesem nichts weiter zu tun vermögen. Ich will euch aber zeigen, wen ihr fürchten sollt: Fürchtet den, der nach dem Töten Gewalt hat, in die Hölle zu werfen; ja, sage ich euch, diesen fürchtet. Werden nicht fünf Sperlinge um zwei Pfennig verkauft? Und nicht einer von ihnen ist vor Gott vergessen. Aber selbst die Haare eures Hauptes sind alle gezählt. So fürchtet euch nun nicht; ihr seid vorzüglicher als viele Sperlinge. Ich sage euch aber: **Jeder, der irgend mich vor den Menschen bekennen wird,** den wird auch der Sohn des Menschen vor den Engeln Gottes bekennen; wer aber mich vor den Menschen verleugnet haben wird, der wird vor den Engeln Gottes verleugnet werden.

Der Hauptgrund, Jesus nicht zu bekennen, ist Furcht vor Menschen. Der Herr Jesus lässt diesen Grund aber nicht gelten. Wer Ihn vor den Menschen verleugnet, den wir auch Er vor Gott verleugnen. „Wer irgend" Ihn jedoch bekennen wird, den wird Er auch vor Gott bekennen. Liest man dies, so könnte man den Eindruck bekommen, es komme nur auf das Bekennen an. Der Glaube wird gar nicht thematisiert. Natürlich ist es schwer vorstellbar, dass jemand ohne Glauben Jesus unter solchen Umständen bekennen würde.

Wir sehen also, dass Römer 8,9 in beiden Teilen auf Aussagen des Herrn selbst zurückzuführen ist. Der Glaube an die Tatsachen des Evangeliums und das Bekenntnis vor Menschen gehören zusammen. Das „und" ist eine Zusammenführung zweier Bedingungen des Evangeliums, wobei dieser Vers dennoch keine vollständige Auflistung dessen ist, was zum Heil notwendig ist.

Glaube und Gehorsam

Wir sollen Jesus als Herrn bekennen, nicht nur als den Auferstandenen, an den wir von Herzen glauben sollen. Der Herr Jesus verbindet viel mit diesem Bekenntnis:

(Johannes 13,13-14) Ihr heißet mich Lehrer und Herr, und ihr saget recht, denn ich bin es. Wenn nun ich, der Herr und der Lehrer, eure Füße gewaschen habe, **so seid auch ihr schuldig,** einander die Füße zu waschen.

Es ist „würdig und recht", Jesus „Herr" zu nennen. Doch dabei soll es nicht bleiben. Wenn Er der Herr ist, dann haben wir von Ihm zu lernen, wie wir leben sollen. Das sind wir Ihm aufgrund des Bekenntnisses schuldig. In diesem Fall geht es um die Erniedrigung zum Dienst. Das Bekenntnis hat unmittelbare Konsequenzen auf unser Leben, wenn es aufrichtig ist. Der Herr ist aber noch schärfer:

(Matthäus 7,21-27) **Nicht jeder, der zu mir sagt: Herr, Herr!** wird in das Reich der Himmel eingehen, sondern wer den Willen meines Vaters tut, der in den Himmeln ist. Viele werden an jenem Tage zu mir sagen: **Herr, Herr!** Haben wir nicht durch deinen Namen geweissagt, und durch deinen Namen Dämonen ausgetrieben, und durch deinen Namen viele Wunderwerke getan? Und dann werde ich ihnen bekennen: Ich habe euch niemals gekannt; weichet von mir, ihr Übeltäter! **Jeder nun, der irgend diese meine Worte hört und sie tut,** den werde ich einem klugen Manne vergleichen, der sein Haus auf den Felsen baute; und der Platzregen fiel hernieder, und die Ströme kamen, und die Winde wehten und stürmten wider jenes Haus; und es fiel nicht, denn es war auf den Felsen gegründet. Und jeder, der diese meine Worte hört und sie nicht tut, der wird einem törichten Manne verglichen werden, der sein Haus auf den Sand baute; und der Platzregen fiel hernieder, und die Ströme kamen, und die Winde wehten und stießen an jenes Haus; und es fiel, und sein Fall war groß.

Der Herr Jesus will als Herr ernst genommen werden. Das bedeutet, dass man Ihm gehorchen muss. Diese harten Worte stehen am Ende der Bergpredigt. Die Inhalte der Bergpredigt betreffen den Charakter des Christen (Seligpreisungen); den Auftrag ein Zeugnis in der Welt zu sein durch gute Werke (Salz und Licht); Gottes Willen ohne Abstriche zu tun, über den Buchstaben des Gesetzes hinaus („Ich aber sage euch …“). Das letztere beinhaltet, Menschen nicht einmal zu hassen (geschweige denn zu ermorden); fremde Frauen nicht einmal anzuschauen (geschweige denn die Ehe zu brechen); an der ersten Ehe festzuhalten (und sich nicht scheiden zu lassen und wieder zu verheiraten); sich mit Menschen zu versöhnen (anstatt in unversöhnten Beziehungen zu leben und zugleich den frommen Christen zu spielen); die Feinde zu lieben (anstatt nur Seinesgleichen zu lieben, wodurch die Feindschaften bestehen bleiben); Böses widerstandslos zu ertragen (anstatt sich zu wehren und selbst zu rächen). Der Herr Jesus erwartet, dass wir ein regelmäßiges Gebetsleben führen, Almosen geben und fasten; jedoch nicht wie die Heuchler, die das tun, um von Menschen dafür bewundert zu werden. Er warnt uns auch davor, auf andere Menschen herabzublicken, sie zu richten. Das ist die Bergpredigt. Ganz deutlich macht der Herr am Ende derselben, dass Er sie nicht gehalten hat, damit wir Seine Weisheit bewundern und Ihn bloß mit den Lippen „Herr“ nennen, sondern dass wir tun, was Er gesagt hat.

Auch in diesen Schlussworten gibt es ein „und“: Wer diese Worte hört und sie tut, wird errettet werden. Das ist glasklar formuliert. Wir werden errettet durch Glauben und Gehorsam. Dass es dabei nicht um die Werke des Gesetzes geht (wie Beschneidung, Neumonde, Sabbate, Speisegebote u.dgl.) wird aus vielen anderen Stellen klar. In diesem Sinn ist Christus des Gesetzes „Ende“ (eig. Vollendung, Erfüllung, Ziel – gr. telos). Nicht aber im Sinne des eigentlichen Willens des Vaters. Hier wird durch das „Ich aber sage euch“ der Buchstabe des Gesetzes zwar beseitigt, der Sinn des Gesetzes aber umso stärker ans Licht gebracht. Paulus sagte:

(1. Korinther 9,21) denen, die ohne Gesetz sind, (bin ich) wie ohne Gesetz (wiewohl ich nicht ohne Gesetz vor Gott bin, sondern **Christo gesetzmäßig unterworfen**), auf dass ich die, welche ohne Gesetz sind, gewinne.

Wir sind unter einem neuen Gesetz, dem Gesetz Christi. Römer 3,28 bezieht sich ausschließlich auf das Gesetz des Alten Bundes; wir sind im Neuen Bund jedoch nicht ohne Gesetz. Im Gegenteil, das Gesetz ist anspruchsvoller geworden. Zu den letzten Worten des Herrn Jesus auf der Erde gehört:

(Matthäus 28,20) und lehret sie, **alles** zu bewahren, **was ich euch geboten habe.** Und siehe, ich bin bei euch alle Tage bis zur Vollendung des Zeitalters.

*Gehet hin in alle Welt und machet zu Jüngern
alle Völker: tauft sie auf den Namen des
Vaters und des Sohnes und des Heiligen Geistes.
Wer da glaubt und getauft wird, der wird
selig werden, wer aber nicht glaubt,
der wird verdammt werden.
Es genügt für den einfachen Mann, aus
der Heiligen Schrift von der Taufe
so viel zu wissen.*

(Martin Luther, Vorrede zum
großen Katechismus)

Glaube und Taufe

Die Taufe ist ein Aspekt des Bekennens Christi als Herr und auch Teil des Missionsbefehls, zu dem gehört, allem gehorchen zu lernen, was Er uns geboten hat. Durch die Taufe wird man ein Jünger Christi:

(Matthäus 28,19) Gehet [nun] hin und machet alle Nationen zu Jüngern, und taufet sie auf den Namen des Vaters und des Sohnes und des Heiligen Geistes,

Die Taufe steht am Beginn der Jüngerschaft, die Unterwesung im Gehorsam prägt die gesamte Lebensspanne in der Nachfolge Christi. Die Taufe selbst aber, wie ist sie zu bewerten im Blick auf die Errettung?

(Markus 16,15-16) Und er sprach zu ihnen: Gehet hin in die ganze Welt und prediget das Evangelium der ganzen Schöpfung. Wer da **glaubt und getauft** wird, wird errettet werden; wer aber nicht glaubt, wird verdammt werden.

Hier haben wir wieder den Glauben, der mit einem „und" mit einer zweiten Sache verbunden wird. Wenn man den Vers unvoreingenommen liest, ist klar, dass beides zusammengehört. Wer glaubt, aber nicht getauft ist, hat die Verheißung ebenso wenig, wie der, der zwar getauft ist, aber ohne Glauben.

Es ist sehr auffällig, dass in dem eingangs erwähnten, als Standardwerk konzipierten, „Grundlagen biblischer Lehre", der Taufe kein Absatz gewidmet ist. William MacDonald, ebenfalls ein geschätzter evangelikaler Bibellehrer, schreibt in seinem „Kommentar zum Neuen Testament" (CLV- Christliche Literatur Verbreitung, Bielefeld 1992) zu diesem Vers:

(William MacDonald – zu Mk 16,16) Vers 16 wird von manchen benutzt, um die Heilsnotwendigkeit der Wassertaufe zu begründen. Wir wissen jedoch aus folgenden Gründen, dass dies nicht richtig sein kann:

1. Der Schächer am Kreuz war nicht getauft, dennoch wurde ihm versichert, dass er mit Christus ins Paradies käme (Lk 23,43)

2. Die Heiden in Cäsarea wurden getauft, nachdem sie errettet wurden (Apg 10,44-48)

3. Jesus selbst taufte nicht (Joh 4,1+2) – ein seltsames Verhalten, wenn Taufe zur Rettung notwendig wäre.

4. Paulus dankte Gott, dass er nur wenige Korinther getauft habe (1.Kor 1,14-16) – ein unmögliches Dankgebet, wenn die Taufe zur Errettung notwendig wäre.

5. **Etwa 150 Stellen im NT sagen aus, dass die Rettung allein aus Glauben geschieht. Kein einzelner Vers oder Abschnitt könnte dieses überragende Zeugnis ungültig machen.**

6. Die Taufe ist im NT mit Tod und Begräbnis des alten Menschen verbunden, nicht jedoch mit der geistlichen Wiedergeburt.

Aber was bedeutet Vers 16 dann? Wir sind der Meinung, dass er die Taufe als das normale äußere Zeichen des Glaubens erwähnt. Taufe ist keine Bedingung für die Errettung, sondern die äußere Verkündigung, dass der Betreffende errettet ist.

Ich denke, William MacDonalds Haupteinwand ist seine tief sitzende Überzeugung, dass der Glauben „allein" rettet. Er verweist auf etwa 150 Stellen (115 + 35 lt. Walvoord und Chafer), von denen er freilich keine nennen kann, weil es keine einzige Stelle gibt, die davon spricht, dass der Glaube „allein" rettet. Im Gegenteil, es gibt es eine klare Verneinung dieser Idee bei Jakobus und eine Vielzahl an Stellen, die klar machen, dass zum Glauben etwas hinzukommen muss.

Kurz zu seinen Gegenbeispielen:

Dass der Schächer am Kreuz keine Gelegenheit hatte, getauft zu werden, liegt irgendwie auf der Hand. Ebensowenig würde man von einem Stummen erwarten können, Jesus mit dem Mund als Herrn zu bekennen. Ich gehe davon aus, dass Gott solche besonderen Umstände bekannt sind. Gott ist nicht sklavisch an Seine

Gesetze gebunden, sondern in Seiner Gnade durchaus flexibel (vgl. das Essen der Schaubrote durch David – Mt 12,3-4).

Was die Heiden in Cäsarea betrifft: Wo steht in dem Text, dass sie gerettet waren? Sie hörten das Wort, aber es steht nichts davon, dass sie glaubten. Ich bin hier deshalb ein bisschen spitzfindig, weil aus dem Fehlen der Taufe in anderen Stellen, die „nur" den Glauben nennen, ja genauso messerscharf geschlossen wird, dass der Glaube „allein" rettet. Ich gebe zu, der Empfang des heiligen Geistes lässt den Rückschluss zu, dass die Zuhörer des Petrus gläubig wurden. Aber das besagt nicht, dass sie allein deshalb bereits gerettet wurden, denn Petrus sagte, sie müssten nun auch getauft werden. Wenn Glauben und die Taufe nötig zur Errettung sind, dann ist diese Geschichte eine gute Illustration dafür, dass wir nicht beim Glauben oder auch dem Empfang des Heiligen Geistes stehen bleiben können.

Dass der Herr Jesus nicht getauft hatte und auch Paulus nicht alle Korinther selbst getauft hatte (obwohl alle Korinther getauft wurden!), macht die Taufe nicht zu einer Nebensache oder etwas vergleichsweise Geringem. Im Gegenteil: Jesus befahl die Taufe ausdrücklich, und Paulus legt gerade in Römer 6 (worauf MacDonalds letztes Argument hinweist) ein Kapitel vor, in dem er die tiefe und heilsnotwendige Bedeutung der Taufe belegt:

(Römer 6,2-11) Das sei ferne! Wir, die wir der Sünde gestorben sind, wie sollen wir noch in derselben leben? Oder wisset ihr nicht, dass wir, so viele **auf Christum Jesum getauft worden, auf seinen Tod getauft** worden sind? So sind wir nun mit ihm **begraben worden durch die Taufe** auf den Tod, **auf dass,** gleichwie Christus aus den Toten auferweckt worden ist durch die Herrlichkeit des Vaters, also **auch wir in Neuheit des Lebens wandeln.** Denn wenn wir mit ihm einsgemacht worden sind in der Gleichheit seines Todes, so werden wir es auch in der seiner Auferstehung sein, indem wir dieses wissen, dass unser alter Mensch mitgekreuzigt worden ist, auf dass der Leib der Sünde abgetan sei, dass wir der Sünde nicht mehr dienen. Denn wer gestorben ist, ist freigesprochen von der Sünde. Wenn wir aber mit Christo gestorben sind, so glauben wir, dass wir auch mit ihm leben werden, da wir wissen, dass Christus, aus den Toten auferweckt, nicht mehr stirbt; der Tod herrscht nicht mehr über ihn. Denn was er gestorben ist, ist er ein für allemal der Sünde gestorben; was er aber lebt, lebt er Gott. Also auch ihr, haltet euch der Sünde für tot, Gott aber lebend in Christo Jesu.

Kann man die Wiedergeburt in besseren Worten beschreiben? Der alte Mensch stirbt mit Christus, der Neue wird mit Christus auferweckt. In der Taufe, schreibt Paulus, wird unser altes Leben mit Christus begraben, damit wir in der Neuheit des Lebens wandeln.

Wer Glaube „allein" vertritt, legt ein großes Gewicht auf eine echte und tiefe Bekehrung. Walvoord und Chafer sprachen davon, Jesus Christus aufzunehmen, oder in das Herz bitten. Aber es bleibt recht unklar, was das praktisch bedeutet, wie man das tut. Oder enthält folgender (recht typischer) Satz wirklich die Antwort?

(Walvoord und Chafer, S 192) Der Glaube ist ein bewusster Akt, bei dem der Mensch bereit ist, den Herrn Jesus Christus im Glauben aufzunehmen.

Ersetzen wir das Wort „Glaube" zur „Verdeutlichung" mit „Hrmpf":

Der *Hrmpf* ist ein bewusster Akt, bei dem der Mensch bereit ist, den Herrn Jesus Christus im *Hrmpf* aufzunehmen.

Ich hoffe, das versteht jeder ... Das Problem ist, dass Glauben „allein" zu einer Metapher wird, die keinen Sinn macht, wenn sie nicht im Licht aller Stellen verstanden wird, die ein „Glaube und" enthalten. Erst dann wird der Begriff Glaube praktisch und plastisch.

Wie nun soll man Christus aufnehmen, sich bekehren und gläubig werden? Die Antwort ist „durch die Taufe", und gerade das macht die Taufe heilsnotwendig und das „Glaube und" schlüssig.

Markus 16,16 ist bei weitem nicht der einzige Text, der von der Heilsnotwendigkeit der Taufe spricht.

(1. Petrus 3,21) welches Gegenbild (zur Arche) **auch euch jetzt errettet,** das ist die Taufe (nicht ein Ablegen der Unreinigkeit des Fleisches, sondern das Begehren eines guten Gewissens vor Gott), durch die Auferstehung Jesu Christi,

Die Taufe wird als Mittel zur Errettung beschrieben, weil sie die Bitte an Gott um ein gutes Gewissen ist. Dieses Wort belegt recht eindrücklich, dass der Mensch mit einem schlechten Gewissen vor Gott tritt, also noch nicht erlöst ist. Die Taufe hat auch nicht den Zweck, uns äußerlich zu reinigen (obwohl sie im Wasser vollzogen wird), sondern die äußere Reinigung symbolisiert die innere Reinigung, die in der Taufe zugesagt wird.

(Apostelgeschichte 2,38) Was sollen wir tun, Brüder? Petrus aber [sprach] zu ihnen: Tut Buße, und ein jeder von euch **werde getauft** auf den Namen Jesu Christi **zur Vergebung der Sünden,** und ihr werdet die Gabe des Heiligen Geistes empfangen.

Petrus ist bei der Pfingstpredigt ebenso klar wie in seinem Brief: Die Taufe gehört zur Buße, mit der diese – wieder einmal! – mit einem „und" verbunden ist. Ebenfalls mit einem „und" verbunden ist der Empfang des Heiligen Geistes. Das ist vom Wortlaut her ganz einfach zu verstehen. Die Reaktion ist auch recht eindeutig:

> (Apostelgeschichte 2,41) Die nun sein Wort aufnahmen, wurden getauft; und es wurden an jenem Tage hinzugetan bei dreitausend Seelen.

Es heißt nicht: Die sein Wort aufnahmen, sprachen ein Gebet nach, das der Apostel ihnen vorbetete, und die meisten von ihnen ließen sich in den nächsten zehn Jahren einmal taufen. Wer Buße tut, lässt sich taufen. Das ist das biblische „Übergabegebet", die Bitte um ein gutes Gewissen. Das ist die Neue Geburt, und daraus wird verständlich, was der Herr Jesus meinte, als Er Nikodemus sagte:

> (Johannes 3,5) Jesus antwortete: Wahrlich, wahrlich, ich sage dir: Es sei denn, dass jemand aus **Wasser und Geist** geboren werde, so kann er nicht in das Reich Gottes eingehen.

Auch hier begegnet uns wieder das Wort „und" in seiner kompromisslosen Eindeutigkeit. Es genügt nicht, nur den Heiligen Geist empfangen zu haben (wie das im Haus des Cornelius in Cäsarea geschah oder auch vom Prediger Apollos gesagt wurde). Es genügt aber auch nicht, nur die Wassertaufe empfangen zu haben, wie das in Samaria der Fall war:

> (Apostelgeschichte 8,12) **Als sie aber** dem Philippus **glaubten,** der das Evangelium von dem Reiche Gottes und dem Namen Jesu Christi verkündigte, wurden sie getauft, sowohl Männer als Frauen.

> (Apostelgeschichte 8,14-16) Als aber die Apostel, welche in Jerusalem waren, gehört hatten, dass Samaria das Wort Gottes angenommen habe, sandten sie Petrus und Johannes zu ihnen; welche, als sie hinabgekommen waren, für die beteten, damit sie den Heiligen Geist empfangen möchten; denn er war noch nicht auf einen von ihnen gefallen, sondern **sie waren allein getauft** auf den Namen des Herrn Jesus.

Als wollte Gott dadurch verdeutlichen, dass der Glaube „allein" nicht genügt, ebensowenig wie die Wassertaufe „allein" nicht genügen kann, ließ Er diese Anomalie in Samaria zu (vielleicht gab es noch andere Gründe, aber das steht nicht da). Klar bezeugt wird, dass die Samariter glaubten. Sie wurden auch getauft. Waren sie deshalb bereits errettet? Der Herr Jesus sagte, wir müssen aus Wasser und Geist geboren werden. Wenn das Wasser fehlt, wie in Cäsarea, dann ist es nicht vollständig. Wenn der Geist fehlt, wie in Samaria, dann ist es nicht vollständig. Wenn der Glaube fehlt, wie bei dem Magier Simon (auch in Samaria), dann hilft alles nichts.

Wir werden gerettet, wenn wir gläubig geworden und getauft worden sind. Das sind sehr einfache und unmissverständliche Worte. Wer sind wir, dass wir die zweite Bedingung zur Erlösung aus dem Vers abstreiten, nur um unsere Theologie vom Glauben „allein" retten zu können?

Glaube und Buße

Dass der Glaube mit der Taufe so untrennbar verbunden ist, liegt daran, dass er auch mit der Buße untrennbar verbunden ist. Die Verbindung mit der Buße wiederum verbindet den Glauben untrennbar mit dem Glaubensgehorsam. Der Herr Jesus selbst hat Glaube und Buße mit einem „und" verbunden:

(Markus 1,14-15) Nachdem aber Johannes überliefert war, kam Jesus nach Galiläa, predigte das Evangelium des Reiches Gottes und sprach: Die Zeit ist erfüllt, und das Reich Gottes ist nahe gekommen. **Tut Buße und glaubet** an das Evangelium.

Ich konnte mir nicht vorstellen, dass die Brüder, die so vehement für Glauben „allein" eintreten, die Buße wie eine „Option" behandeln würden, die keineswegs heilsnotwendig sein könne. Ich zitiere nochmals Walvoord und Chafer:

(Walvoord und Chafer, S 192) **Die göttliche Botschaft lautet nicht,** „glaube und bete", „glaube und bekenne deine Sünden", „glaube und bekenne Christus", glaube und lass dich taufen", **„glaube und tue Buße"** oder „glaube und mach dein Unrecht wieder gut".

Die göttliche Botschaft lautet im Gegenteil sehr nachdrücklich: „Glaube und tue Buße!" Das haben wir aus dem Mund des Herrn Jesus Christus persönlich. Ebenso wie Seine Verbindung von Glauben und Taufe, oder Glauben und Bekenntnis, Glauben und Gehorsam ... Der Herr lehrt eindeutig nicht „Sola Fide".

Die Notwendigkeit der Buße – griechisch „metanoia" = Sinnesänderung – liegt in der Botschaft vom Gericht. Diese Botschaft nahm mit Johannes dem Täufer ihren Anfang, und setzt sich in der Verkündigung der Apostel fort:

> (Lukas 3,3-14) Und er kam in die ganze Umgegend des Jordan und predigte die **Taufe der Buße zur Vergebung der Sünden;** wie geschrieben steht im Buche der Worte Jesaias', des Propheten: "Stimme eines Rufenden in der Wüste: Bereitet den Weg des Herrn, machet gerade seine Steige! Jedes Tal wird ausgefüllt und jeder Berg und Hügel erniedrigt werden, und das Krumme wird zum geraden Wege und die höckerichten zu ebenen Wegen werden; und alles Fleisch wird das Heil Gottes sehen". Er sprach nun zu den Volksmengen, die hinausgingen, um von ihm getauft zu werden: Otternbrut! Wer hat euch gewiesen, dem kommenden Zorn zu entfliehen? **Bringet nun der Buße würdige Früchte;** und beginnet nicht, bei euch selbst zu sagen: Wir haben Abraham zum Vater; denn ich sage euch, dass Gott dem Abraham aus diesen Steinen Kinder zu erwecken vermag. Schon ist aber auch die Axt an die Wurzel der Bäume gelegt; **jeder Baum nun, der nicht gute Frucht bringt, wird abgehauen und ins Feuer geworfen.** Und die Volksmengen fragten ihn und sprachen: **Was sollen wir denn tun?** Er aber antwortete und sprach zu ihnen: Wer zwei Leibröcke hat, teile dem mit, der keinen hat; und wer Speise hat, tue gleicherweise. Es kamen aber auch Zöllner, um getauft zu werden; und sie sprachen zu ihm: Lehrer, was sollen wir tun? Er aber sprach zu ihnen: Fordert nicht mehr, als euch bestimmt ist. Es fragten ihn aber auch Kriegsleute und sprachen: Und wir, was sollen wir tun? Und er sprach zu ihnen: Tut niemand Gewalt, und klaget niemand fälschlich an, und begnüget euch mit eurem Solde.

Die Botschaft des Täufers ist beängstigend: Das Reich Gottes kommt, aber es wird ein Gericht geben, das entscheidet, wer eingelassen werden wird. Die Botschaft betrifft unseren Lebenswandel, unsere praktische Gerechtigkeit, unsere Nächstenliebe. Die Frage, was wir denn tun sollten, wird überaus praktisch beantwortet. Doch die Besserung des Lebens (die der Buße würdige Frucht) ersetzt nicht das Bekenntnis der Sünden und die Taufe zu deren Vergebung:

> (Markus 1,5) Und es ging zu ihm hinaus das ganze jüdische Land und alle Bewohner von Jerusalem; und sie wurden im Jordanflusse von ihm **getauft, indem sie ihre Sünden bekannten.**

Die Umkehr „allein" rettet auch nicht; in der Taufe wird der Glaube an die Notwendigkeit der Sündenvergebung zum Ausdruck gebracht – es ist (wie auch bei der christlichen Wassertaufe) eine Bitte an Gott um ein gutes Gewissen. An dieser Stelle wird auch das „Glaube und bekenne deine Sünden" bestätigt, das

Walvoord und Chafer als nicht heilsnotwendig zurückstufen. Die Vergebung wird jedoch in der Taufe zugesprochen, die mit einem Bekenntnis der Sünden einhergeht.

> (Apostelgeschichte 17,30-31)   Nachdem nun Gott die Zeiten der Unwissenheit übersehen hat, **gebietet er jetzt den Menschen, dass sie alle allenthalben Buße tun sollen,** weil er einen Tag gesetzt hat, an welchem er den Erdkreis richten wird in Gerechtigkeit durch einen Mann, den er dazu bestimmt hat, und hat allen den Beweis davon gegeben, indem er ihn auferweckt hat aus den Toten.

Auch der Apostel Paulus begründet den Aufruf zur Buße mit dem kommenden Gericht, das die ganze Welt betreffen wird. Buße ist ein Gebot, das zu befolgen heilsnotwendig ist. Das wird auch deutlich, wenn wir dem Apostel Johannes zugestehen, dass er tatsächlich meint, was er geschrieben hat:

> (1 Johannes 2,15-17) Liebet nicht die Welt, noch was in der Welt ist. Wenn jemand die Welt liebt, so ist die Liebe des Vaters nicht in ihm; denn alles, was in der Welt ist, die Lust des Fleisches und die Lust der Augen und der Hochmut des Lebens, ist nicht von dem Vater, sondern ist von der Welt. Und die Welt vergeht und ihre Lust; **wer aber den Willen Gottes tut, bleibt in Ewigkeit.**

Rettet der Glaube „allein"? Nein, sondern wer den Willen Gottes tut, bleibt in Ewigkeit. Und das Tun des Willens Gottes ist die Folge aufrichtiger und ernsthafter Buße, Sinnesänderung.

Das „und" ist also ganz wesentlich, um zu verstehen, was der Herr mit Glauben überhaupt meint, und was damit alles zusammenhängt. Wo immer in der Schrift ein „Glaube und" vorkommt, ist es verdeutlichend und erklärend, um das Missverständnis zu vermeiden, es käme nur auf intellektuelle oder emotionale Zustimmung an.

Glaube und Buße: Es gibt ein Gericht, in dem unser Leben beurteilt wird. Wenn unsere Werke nicht entsprechen, kommen wir nicht in das Reich Gottes. Darum müssen wir von unseren Sünden umkehren. Wir müssen sie bekennen „und" (!) lassen (Spr 28,13).

Glaube und Taufe: Wir müssen uns zur Vergebung der Sünden im Wasser taufen lassen, indem wir den Namen des Herrn anrufen:

> (Apostelgeschichte 22,16) Und nun, was zögerst du? Stehe auf, lass dich taufen und deine Sünden abwaschen, indem du seinen Namen anrufst.

Wiedergeboren aus Wasser und Geist: In der Taufe werden wir mit Tod und Auferstehung Christi eins gemacht und empfangen den Heiligen Geist. Wo der Empfang des Geistes mit der Wassertaufe nicht zusammenfällt, hebt das die Notwendigkeit der Wassertaufe nicht auf, die als Bitte eines Sünders um Vergebung vollzogen werden muss.

Glaube und Wiedergutmachung: Der Zöllner Zachäus ist ein Beispiel dafür, dass aufrichtige Buße auch Wiedergutmachung zur Folge hat, wo das möglich ist (Lk 19,8-10).

Glaube und Bekenntnis Jesu als Herrn: Wer Jesus vor den Menschen bekennt, den wird der Sohn vor dem Vater bekennen und umgekehrt: Wer Ihn verleugnet, der wird auch vor dem Vater verleugnet werden. Auch das Bekenntnis muss daher als heilsnotwendig eingestuft werden.

Glaube und Werke: Das Lippenbekenntnis zu Jesus als Herrn ist jedoch nutzlos, wenn wir dann nicht tun, was der Herr gebietet. Gehorsam ist das entscheidende Kriterium beim Gericht, nicht die frommen Worte, die wir mit unseren Lippen formulieren.

Welch eine Sorg und Furcht
Soll nicht bei Christen wachen,
und sie behutsamlich
und wohl bedächtig machen.
Mit Furcht und Zittern heißt's,
schafft euer Seelenheil.
Wenn kaum der Fromme bleibt,
wie dann der sünd'ge Teil?

(Johann Reinhard Hedinger, 1664-1704,
pietistischer Theologe und Dichter)

Mit Furcht und Zittern

All das müsste in evangelikalen Christen einiges Unbehagen auslösen. Die Lehre vom Glauben „allein" macht es nämlich leicht, im praktischen Leben fünf gerade sein zu lassen und Schmerzen um des Glaubens willen zu vermeiden. Ein Beispiel dafür ist die in den letzten Jahrzehnten explodierte Scheidungs- und Wiederverheiratungsrate unter den Evangelikalen, oder auch das Wohlstandevangelium mit dem damit einhergehenden luxuriösen Lebensstil der Prediger dieser Lehre. Aber auch das heutzutage leicht zugängliche „Spiel" mit der Unzucht (Pornografie) ist ein grassierendes Übel unter uns. Darüber wird viel Seelsorgerliches geschrieben, doch wer Gnade oder Glauben „allein" lehrt, kommt wie Philipp Yancey („Gnade ist mehr als nur ein Wort" R.Brockhaus, Wuppertal 2007) zu einer befremdlichen Schlussfolgerung:

> (Philipp Yancey, S 64) Gnade heißt auch, dass es nichts gibt, was wir tun können, damit Gott uns weniger liebt. Weder Stolz, noch Pornographie, Ehebruch oder gar Mord hindern Gott daran, uns zu lieben.

Es fällt schwer, diese freundlichen Worte zurückweisen zu müssen, doch Gottes Wort enthält eine deutlich andere Botschaft:

> (Galater 5,19-21) Offenbar aber sind die Werke des Fleisches, welche sind: **Hurerei, Unreinigkeit,** Ausschweifung, Götzendienst, Zauberei, Feindschaft, Hader, Eifersucht, Zorn, Zank, Zwietracht, Sekten, Neid, **Totschlag,** Trunkenheit, Gelage und dergleichen, von denen ich euch vorhersage, gleichwie ich auch vorhergesagt habe, **dass, die solches tun, das Reich Gottes nicht ererben werden.**

Wenn es um das Thema Heilssicherheit geht, dann wird diese meistens auf die Frage reduziert, was passiert, wenn ein Christ vom Glauben abfällt. Man geht oft so weit zu behaupten, dass ein wahrer Christ gar nicht von Glauben abfallen kann. Diese Reduktion auf den Glauben ist die Kehrseite von Glauben „allein", doch wenn wir die vielen Aussagen lesen, die ein Glaube „und" lehren, dann erkennen wir eine erschreckend große Bandbreite an Möglichkeiten, das Ziel des Glaubens, die Seligkeit, zu verfehlen. Paulus listet eine ganze Reihe an Sünden auf und stellt klar: Wer so etwas tut, kommt nicht in den Himmel. Und er schreibt das an Christen!

Die Worte des Herrn Jesus am Ende der Bergpredigt sollten uns allen in den Ohren gellen: Denen, die sich gerade dazu hinreißen haben lassen, einen Menschen zu verfluchen, statt zu segnen. Denen, die unversöhnlich in Bitterkeit verharren. Denen, die der Bitte eines armen Menschen um Hilfe nicht entsprochen haben. Denen, die wieder einmal im Internet auf den unreinen Seiten gelandet sind. Denen, die sich scheiden haben lassen. Denen, die gerade einen Fahneneid des Feindeshasses geleistet haben, um ihrem irdischen Vaterland unverbrüchliche Treue zu schwören. Denen, die den Balken im eigenen Auge nicht sehen. Niemand, auch ich nicht, ist davon ausgenommen.

Wir müssen die Worte des Herrn ernst nehmen, denn Er will ernst genommen werden. Die Konsequenz sind die ebenso unbequemen Worte aus dem Philipperbrief (dem „Brief der Freude"):

(Philipper 2,12) Daher, meine Geliebten, gleichwie ihr allezeit gehorsam gewesen seid, nicht allein als in meiner Gegenwart, sondern jetzt vielmehr in meiner Abwesenheit, **bewirket eure eigene Seligkeit mit Furcht und Zittern;**

Ich kann nicht umhin, hier die evangelikale Übertragung „Hoffung für Alle" als Beispiel dafür zu zitieren, wie krampfhaft versucht wird, diese Wahrheit auszublenden:

(Philipper 2,12 – HfA 1996[1]) Meine lieben Freunde! Ihr habt immer befolgt, was ich euch geraten habe. Hört aber nicht nur auf mich, wenn ich bei euch bin, sondern erst recht in meiner Abwesenheit. **Ihr seid gerettet,** und das soll sich an eurem Leben zeigen. Deshalb **lebt nun auch in Ehrfurcht vor Gott** und in ganzer Hingabe an ihn.

Besser kann man die evangelikale Not mit diesem Text nicht beschreiben, als mit diesem Versuch, die Bibel neu zu schreiben. Es geht nicht um gute Ratschläge von Paulus, sondern um Gebote des Herrn. Wir werden nicht einfach

---

[1] Der Fairness wegen sei angemerkt, dass in der neuesten Ausgabe der HfA diese Übersetzungs-„Freiheiten" zugunsten einer wörtlicheren Wiedergabe des Textes zurückgenommen wurden. Dennoch halte ich es für grob fahrlässig, so eine Fehlübertragung überhaupt in den Druck zu geben und zu verbreiten.

als bereits „errettet" angesprochen, wir sollen unser Heil bewirken. Unsere Haltung Gott gegenüber ist nicht bloß respektvolle Ehrfurcht, sondern Furcht und Zittern. Wieder steht hier ein „und". Respekt alleine wird uns offenbar nicht ausreichend motivieren, Gott zu gehorchen.

Im Gegenteil, es erscheint mir, dass die Lehre vom Glauben „allein" die Widerstandskräfte im geistlichen Kampf gefährlich schwächt; das Schwert des Geistes, das Wort Gottes, wird durch eine falsche Lehre stumpf gemacht, und der Schild des Glaubens durch eine vermeintliche „Sicherheit" bedenklich locker gehalten. Würden wir den Versuchungen tatsächlich so bereitwillig nachgeben, wenn wir wüssten, dass Nachgeben unser Heil gefährdet?

(Hebräer 12,4) Ihr habt noch nicht, wider die Sünde ankämpfend, bis aufs Blut widerstanden.

Mit Furcht und Zittern – was ist daran so ungewöhnlich, so befremdlich, dass wir es wegerklären müssten? Oder haben wir mittlerweile ein falsches Gottesbild, in dem für Todesangst in Seiner Gegenwart kein Platz mehr ist?

(Esra 10,3) So lasst uns jetzt einen Bund machen mit unserem Gott, dass wir alle (ausländischen) Frauen, und die von ihnen geboren sind, hinaustun, nach dem Rate meines Herrn und derer, **die da zittern vor dem Gebote unseres Gottes;** und es soll nach dem Gesetz gehandelt werden.

(Jesaja 66,1-2) So spricht Jahwe: Der Himmel ist mein Thron, und die Erde der Schemel meiner Füße. Welches ist das Haus, das ihr mir bauen könntet, und welches der Ort zu meiner Ruhestätte? Hat doch meine Hand dieses alles gemacht, und alles dieses ist geworden, spricht Jahwe. Aber auf diesen will ich blicken: auf den Elenden und den, der zerschlagenen Geistes ist, und **der da zittert vor meinem Worte.**

(Jeremia 5,22) **Wollt ihr mich nicht fürchten, spricht Jahwe, und vor mir nicht zittern?** Der ich dem Meere Sand zur Grenze gesetzt habe, eine ewige Schranke, die es nicht überschreiten wird; und es regen sich seine Wogen, aber sie vermögen nichts, und sie brausen, aber überschreiten sie nicht.

(Psalm 2,11) Dienet Jahwe mit Furcht, und **freuet euch mit Zittern!**

(Hebräer 12,21 und 28-29) Und so furchtbar war die Erscheinung, dass Moses sagte: **"Ich bin voll Furcht und Zittern"** ... Deshalb, da wir ein unerschütterliches Reich empfangen, lasst uns Gnade haben, durch welche wir Gott wohlgefällig dienen mögen mit Frömmigkeit und Furcht. "Denn auch unser **Gott ist ein verzehrendes Feuer."**

Der Grund für die „Selbstsicherheit" jener, die auf Glauben „allein" vertrauen, liegt in der irrigen Annahme, dass Christen nicht mehr ins Gericht kommen. Die Furcht nämlich (das heißt die Angst) ist nur in Bezug auf die Strafe berechtigt; wenn aber die Sünde „allein" durch Glauben „ein für allemal" vergeben ist, dann gibt es ja gar nichts mehr, aufgrund dessen wir verurteilt werden könnten. Darum wird oft dieser Vers als Argument gebraucht, um so deutliche Worte wie Phil 2,12 weg zu erklären:

(Johannes 5,24) Wahrlich, wahrlich, ich sage euch: Wer mein Wort hört und glaubt dem, der mich gesandt hat, hat ewiges Leben und kommt nicht ins Gericht, sondern er ist aus dem Tode in das Leben übergegangen.

Dazu typische Aussagen von den beiden Kommentaren, die ich in dieser Arbeit immer wieder herangezogen habe:

(William MacDonald – zu Joh 5,24) Dies ist einer meiner Lieblingsverse der Bibel. Durch seine Botschaft haben schon viele Menschen das ewige Leben erhalten. Zweifellos ist der Grund dafür, dass er so geliebt wird, die Art und Weise, in der er den Weg der Errettung so deutlich darstellt.

(Walvoord und Chafer, S 230) Das gesamte Werk Christi in Seinem Tod, Seiner Auferstehung, Seinem Dienst als Fürsprecher und als der, der im Himmel für uns bittet, gibt dem Christen **absolute Heilssicherheit.** Weil die Errettung ein Werk Gottes für den Menschen und nicht ein Werk des Menschen für Gott ist, ist sein Ausgang sicher und die Verheißung in Johannes 5,24 wird sich ganz gewiss erfüllen."

Wenn man diesen Vers so absolut setzt, wie das diese Autoren tun, dann ist klar, dass damit alle anderen Texte ein Problem darstellen. Walvoord und Chafer haben sich zu Beginn ihres Kapitels die Aufgabe gestellt, alle Stellen zu entkräften, die ihrer Theologie vom Glauben „allein" widersprechen (Sie nennen sogar 85 Verse! – S 224). Das Problem ist, dass dieser Vers überhaupt keine absolute Heilssicherheit lehrt.

Erstens stehen die Wörter „hören" und „glauben" im Grundtext im Partizip Präsens und meinen eine andauernde lineare Handlung. Man müsste jeweils ergänzen: „Wer mein Wort (beständig) hört und dem (beständig) glaubt, der mich gesandt hat." Damit bekommt der Vers ein ganz anderes Gesicht. Andererseits bietet der Zusammenhang ein Bild, das der Glaube „allein" These zutiefst widerspricht:

(Johannes 5,24-29) Wahrlich, wahrlich, ich sage euch: Wer mein Wort (beständig) **hört und glaubt** (beständig) dem, der mich gesandt hat, hat ewiges Leben und kommt nicht ins Gericht, sondern er ist aus dem Tode in das Leben übergegangen. Wahrlich, wahrlich, ich sage euch, dass die Stunde kommt und jetzt ist, da die Toten die Stimme des Sohnes Gottes hören werden, und die sie gehört haben, werden leben. Denn gleichwie der Vater Leben in sich selbst hat, also hat er auch dem Sohne gegeben, Leben zu haben in sich selbst; und er hat ihm Gewalt gegen, [auch] Gericht zu halten, weil er des Menschen Sohn ist. Wundert euch darüber nicht, denn es kommt die Stunde, in welcher alle, die in den Gräbern sind, seine Stimme hören, und hervorkommen werden: **die das Gute getan haben, zur Auferstehung des Lebens,** die aber das Böse verübt haben, zur Auferstehung des Gerichts.

Wer also (beständig) glaubt, kommt nicht ins Gericht. Was bedeutet das? Es gibt zwei Auferstehungen, die eine zum Gericht und die andere zum Leben. Nun gibt es ein Auswahlkriterium, anhand dessen entschieden wird, wer an welcher Auferstehung teilhaben wird: Wer das Gute getan hat, wird ewig leben. Überrascht? Ich nicht, denn es liegt auf der Ebene „Glaube und ...". Einerseits haben wir das beständige Hören und Glauben (also nicht ein einmaliges „zum Glauben Kommen"!), andererseits das Tun des Guten. Hören „und" Glauben – auch das ist nicht Glaube „allein"; Glaube „und" das Gute getan haben ebenso nicht. Der „Lieblingsvers" selbst widerspricht also dieser Lehre.

Es fällt auf, dass der Herr Jesus hier das Gericht synonym mit einem Verdammungsurteil gebraucht und nicht wie in Matthäus 25, das eine Gerichtsverhandlung beschreibt. In Joh 5 entscheidet sich das ewige Schicksal daran, an welcher Auferstehung man teilhat; in Mt 25 werden alle Menschen vor dem Richterstuhl versammelt und nach Schafen und Böcken entsprechend ihrer Werke aufgeteilt. In beiden Fällen werden die Menschen jedoch nach den Werken gerichtet. Und in beiden Fällen gebraucht der Herr Bildreden, um das Unvorstellbare auf eine für uns verkraftbare Ebene herunter zu brechen.

Nochmals: Die Frage ist gar nicht, ob es theoretisch möglich ist, ob ein Christ vom Glauben abfallen kann und deshalb verloren geht. Das Problem ist, dass wir nach unseren Werken beurteilt werden und nach den Worten des Herrn Jesus nicht nur ein paar wenige verstoßen werden, die Ihn als Herrn bekannt haben:

(Matthäus 7,22-23) **Viele (!)** werden an jenem Tage zu mir sagen: Herr, Herr! Haben wir nicht durch deinen Namen geweissagt, und durch deinen Namen Dämonen ausgetrieben, und durch deinen Namen viele Wunderwerke getan? Und dann werde ich ihnen bekennen: Ich habe euch niemals gekannt; weichet von mir, ihr Übeltäter!

Es werden viele sein, die das zu hören bekommen! Viele, unter denen auch viele Evangelikale sein werden, die sich einreden ließen, der Glaube „allein" rette, und ihr weltlicher Lebensstil, ihre Kompromisse mit der Sünde hätten keinen Einfluss auf ihr Heil, weil sie sich einmal bekehrt haben, vielleicht sogar taufen haben lassen! Brüder, was ist das für ein Evangelium, das Ihr verkündet? Könnt ihr das verantworten? Wo sind die Predigten, die uns vor Gott wieder zittern lassen, die uns in tiefe Verzweiflung stürzen, die uns vor die Alternative stellen, entweder das Auge, das uns zur Sünde verleitet, herauszureißen, oder mit sehenden Augen in das Feuer der Hölle geworfen zu werden?

O Gnade Gottes, wunderbar
Hat du errettet mich.
Ich war verloren ganz und gar,
war blind, jetzt sehe ich.

Die Gnade hat mich Furcht gelehrt
Und auch von Furcht befreit,
seitdem ich mich zu Gott bekehrt
bis hin zur Herrlichkeit.

(John Newton, 1725-1807
Übers. Anton Schulte)

Glaube und Gnade

Es war keine rhetorische Frage, als ich in der Einleitung dazu aufforderte auch nur einen einzigen Vers zu nennen, in dem der Herr Jesus das Wort Gnade gebraucht. Ich will das Ergebnis hier veröffentlichen, gezählt nach der Elberfelder Bibel.

Gnade	gnädig	begnadigt
(Lukas 1,30) Und der Engel sprach zu ihr: Fürchte dich nicht, Maria, denn du hast Gnade bei Gott gefunden;	(Lukas 18,13) Und der Zöllner, von ferne stehend, wollte sogar die Augen nicht aufheben gen Himmel, sondern schlug an seine Brust und sprach: O Gott, sei mir, dem Sünder, gnädig!	(Lukas 1,28) Und der Engel kam zu ihr hinein und sprach: Sei gegrüßt, Begnadigte! Der Herr ist mit dir; [gesegnet bist du unter den Frauen!]
(Lukas 2,40) Das Kindlein aber wuchs und erstarkte, erfüllt mit Weisheit, und Gottes Gnade war auf ihm.		
(Lukas 4,22) Und alle gaben ihm Zeugnis und verwunderten sich über die Worte der Gnade, die aus seinem Munde hervorgingen; und sie sprachen: Ist dieser nicht der Sohn Josephs?		
(Johannes 1,14) Und das Wort ward Fleisch und wohnte unter uns (und wir haben seine Herrlichkeit angeschaut, eine Herrlichkeit als eines Eingeborenen vom Vater), voller Gnade und Wahrheit;		
(Johannes 1,16) denn aus seiner Fülle haben wir alle empfangen, und zwar Gnade um Gnade.		
(Johannes 1,17) Denn das Gesetz wurde durch Moses gegeben; die Gnade und die Wahrheit ist durch Jesum Christum geworden.		

Ich denke, das ist in jeder Hinsicht überraschend und bedeutsam. Wäre der Herr Jesus ein Evangelikaler gewesen, dann hätte Er wohl ebenso oft und nachdrücklich von der Gnade gesprochen, wie das die Evangelikalen heute tun. Wo aber sagt der Herr, dass wir „allein" aus Gnade oder „allein" aus Glauben gerettet würden? Nirgends! Im Gegenteil, wir finden in Seinen Worten die schärften Gerichtsworte für jene, die nicht tun, was Er geboten hat.

Insgesamt finden wir das Wort Gnade am häufigsten bei Paulus. Ein Vergleich macht das deutlich:

Apostelgeschichte:	Gnade 12x	begnadigen 0x	gnädig 0x
Paulusbriefe	Gnade 91x	begnadigen 13x	gnädig 0x
Hebräerbrief	Gnade 8x	begnadigen 0x	gnädig 1x
Jakobusbrief	Gnade 1x	begnadigen 0x	gnädig 0x
Petrusbriefe	Gnade 10x	begnadigen 0x	gnädig 0x
Johannesbriefe	Gnade 1x	begnadigen 0x	gnädig 0x
Judasbrief	Gnade 1x	begnadigen 0x	gnädig 0x
Offenbarung	Gnade 2x	begnadigen 0x	gnädig 0x

Gnade ist also kein Begriff, der die Evangelien durchzieht, die Mehrzahl der neutestamentlichen Autoren verwendet ihn eher spärlich. Zählt man Lukas als Begleiter und Mitarbeiter des Paulus und den Hebräerbrief, der zumindest aus dem Umfeld des Heidenapostels kommt, als ein „Team", so sticht nur mehr Petrus mit 10 Nennungen des Begriffs Gnade hervor. Judas, Jakobus, Johannes, Markus und Matthäus benötigen dieses Wort nicht oder kaum, um das Evangelium zu lehren. Waren die Apostel in ihrem Verständnis des Glaubens Evangelikale? Wenn man den spärlichen Gebrauch des Wortes Gnade betrachtet, eher nicht. Einzig Paulus würde der Erwartungshaltung entsprechen. Das aber wirft die Frage auf, ob Evangelikale ihren Glauben auf Paulus begründen oder auf den Herrn Jesus und *alle* Seine Apostel.

Damit will ich Gnade keineswegs herunterspielen, sondern in den Rahmen zurücksetzen, in den sie gehört. Gnade und Glaube gehören zusammen, weshalb weder die Aussage „allein aus Gnade" noch die „allein aus Glaube" für sich genommen stimmt. Deutlich wird das beispielsweise an folgendem Vers:

(Epheser 2,8) Denn **durch die Gnade** seid ihr errettet, **mittelst des Glaubens;** und das nicht aus euch, Gottes Gabe ist es; nicht aus Werken, auf dass niemand sich rühme. Denn wir sind sein Werk, geschaffen in Christo Jesu **zu guten Werken,** welche Gott zuvor bereitet hat, auf dass wir in ihnen wandeln sollen.

Wir werden durch die Gnade errettet, nicht durch die eigenen Werke. Steht das nicht in einem direkten Gegensatz zu den ganzen Ausführungen über „Glaube und ..." der vorigen Kapitel? Eben nicht, denn auch hier geht es darum, dass wir dazu bestimmt sind, Gutes zu wirken; die Werke sind auch hier präsent. Es sind nicht die Werke, die uns retten, aber eben auch nicht der Glaube „allein". Ein Glaube ohne Werke ist tot und rettet nicht; Werke ohne Glauben retten auch nicht. Weiters können wir glauben, was und so innig wir wollen: wenn Gott uns nicht gnädig ist, rettet uns auch der Glaube nicht. Darum ist auch ein Glaube „allein" ohne Gnade nicht heilsbegründend.

Wie kommt es aber, dass Gnade ein vergleichsweise unterrepräsentierter Begriff im Neuen Testament ist? Ich will zum Verständnis eine gängige Definition von Gnade heranziehen:

> (Walvoord und Chafer, S 196) Im Gegensatz zum Gesetz bezieht sich das Wort „Gnade" auf eine unverdiente Gunst, die Gott den Menschen seit Adam erwiesen hat. Unter der Gnade verfährt Gott mit dem Menschen nicht so, wie er es verdient hätte, sondern Er erweist ihm unendliche Güte und Gnade. **Das ist ihm möglich, weil die gerechte Strafe,** die Er in Seiner Heiligkeit sonst auf den Sünder hätte legen müssen, **durch den Sohn Gottes bereits getragen worden ist.**

Anders gesagt, vielleicht etwas überspitzt: Gott ist nur deshalb gnädig, weil die Schuld bezahlt worden ist. Dieses Verständnis von Gnade ist *rein juristisch.* Es bezieht sich auf „offene Forderungen" des Gesetzes, die durch ein stellvertretendes Opfer beglichen worden sind. Darum steht Gnade im evangelikalen Denken auch in einem direkten Gegensatz zu den Werken, die wir bringen könnten. Weil bereits alles bezahlt ist, weil die Schuld der Vergangenheit, Gegenwart und Zukunft gesühnt ist, können unsere Werke zur Erlösung nichts beitragen. Darum ist der Gedanke „Glaube und ..." nicht verständlich und muss weg erklärt werden.

Der Lebensstil des Christen und die guten Werke, die wir auch nach Epheser 2,10 tun sollen, bekommen unter dieser Sicht der Gnade einen völlig anderen Stellenwert:

> (Walvoord und Chafer, S 198) Gott stellt auch eine Lebensregel für den Erlösten zur Verfügung, die auf dem Gnadenprinzip basiert. Er lehrt diejenigen, die errettet und bewahrt sind, wie sie in Gnade leben sollen und wie sie zu Seiner ewigen Ehre leben können. So wie das Gesetz dem Volk Israel eine vollständige Verhaltensregel an die Hand gab, so hat Gott auch für den Christen eine vollständige Verhaltensregel aufgestellt. Da alle Lebensregeln, die in der Bibel zu finden sind, in sich selbst vollständig sind, ist es nicht notwendig, sie miteinander zu verbinden. So ist das Kind Gottes also nicht unter dem **Gesetz** als einer Lebensregel, sondern unter den **Ratschlägen der Gnade.** Was es unter der Gnade tut, tut es nicht mit

der Absicht, sich Gottes Gunst zu sichern, sondern das Kind Gottes tut es, weil es in dem Geliebten bereits angenommen ist.

Ich habe bereits Beispiele zitiert, wo die Gebote Christi als Gebote, ja sogar als Gesetz bezeichnet werden (Mt 28,20; 1. Kor 9,21). Der Begriff „Ratschlag" wird dafür im Neuen Testament nirgends gebraucht (außer in Phil 2,12 nach Hoffnung für Alle), im Gegenteil, der Gehorsam wird immer mit allem Nachdruck gefordert, in keinster Weise als unverbindliche Empfehlung.

Doch die innere Logik evangelikalen Denkens lässt keinen anderen Schluss zu: Wenn die Errettung darauf basiert, dass alle offenen Rechnungen Gottes Gerechtigkeit gegenüber beglichen sind – und das Blut Jesus ist der volle Preis für alle unsere Verfehlungen (da stehe ich voll dahinter) – dann können unsere eigenen Werke dem nichts hinzufügen. Aber stimmt das? Geht es nur um die Vergebung der Sünde?

Nein, sondern auch um Glauben. Darum gilt das Opfer Christi auch nur für jene, die an den Herrn Jesus gläubig geworden sind, und hier spielen alle Stellen mit hinein, die durch einen Zusatz mit „und" verdeutlichen, was Glaube bedeutet. Um Vergebung zu erlangen, muss man Buße tun (Umkehren von der Sünde, und diese lassen), sich (zur Vergebung der Sünden) taufen lassen, ein Leben in Heiligung und Gehorsam führen und Christus vor den Menschen (selbst um den Preis des eigenen Lebens) bekennen.

Die Gnade ist wirkungslos ohne Glauben, der Glaube ist tot ohne Werke. Das zeigt aber auch, dass die rein juristische Deutung der Gnade zu kurz greift. Denn wenn es nur um die Begleichung einer Schuld vor Gott ginge, dann wäre ja durch Christi Blut die Schuld der ganzen Menschheit gesühnt, und deshalb müsste man konsequenterweise auch die Allversöhnung lehren. Stattdessen ist die „Zurechnung" der Gnade abhängig vom Glauben, und dieser wieder soll sich in den Werken als lebendig erweisen. So wie die Werke „allein" ohne Glauben uns nicht retten, so rettet uns auch der Glaube „allein" ohne Gnade nicht, oder die Gnade „allein" ohne Glauben.

Wenn wir nun den Herrn bitten, er möge
uns vergeben, dann müssen auch wir
vergeben; denn wir stehen unter den
Augen des Herrn und Gottes,
und wir alle müssen hintreten vor
den Richterstuhl Christi, und jeder
muss über sich Rechenschaft geben.

(Polycarp von Smyrna, + um 156 n.Chr.
Brief an die Philipper)

Glaube und Vergebung

Um zu verdeutlichen, dass es zu kurz greift, aus der in Christus vergebenen Schuld zu schließen, dass wir durch Gnade „allein" nicht mehr verloren gehen könnten, möchte ich ein Gleichnis des Herrn Jesus zitieren, sowie ein paar andere Aussagen des Lammes Gottes, die uns nachdenklich stimmen müssten:

(Matthäus 18,21-35) Dann trat Petrus zu ihm und sprach: Herr, wie oft soll ich meinem Bruder, der wider mich sündigt, vergeben? Bis siebenmal? Jesus spricht zu ihm: Nicht sage ich dir, bis siebenmal, sondern bis siebzig mal sieben.

Deswegen ist das Reich der Himmel einem Könige gleich geworden, der mit seinen Knechten abrechnen wollte. Als er aber anfing abzurechnen, wurde einer zu ihm gebracht, der zehntausend Talente schuldete. Da derselbe aber nicht hatte zu bezahlen, befahl [sein] Herr, ihn und seine Frau und die Kinder und alles, was er hatte, zu verkaufen und zu bezahlen. Der Knecht nun fiel nieder, huldigte ihm und sprach: Herr, habe Geduld mit mir, und ich will dir alles bezahlen. Der Herr jenes Knechtes aber, innerlich bewegt, gab ihn los und erließ ihm das Darlehn.

Jener Knecht aber ging hinaus und fand einen seiner Mitknechte, der ihm hundert Denare schuldig war. Und er ergriff und würgte ihn und sprach: Bezahle, wenn du etwas schuldig bist. Sein Mitknecht nun fiel nieder und bat ihn und sprach: Habe Geduld mit mir, und ich will dir bezahlen. Er aber wollte nicht, sondern ging hin und warf ihn ins Gefängnis, bis er die Schuld bezahlt habe.

Als aber seine Mitknechte sahen, was geschehen war, wurden sie sehr betrübt und gingen und berichteten ihrem Herrn alles, was geschehen war. Dann rief ihn sein Herr herzu und spricht zu ihm: Böser Knecht! Jene ganze

Schuld habe ich dir erlassen, dieweil du mich batest; solltest nicht auch du dich deines Mitknechtes erbarmt haben, wie auch ich mich deiner erbarmt habe? Und sein Herr wurde zornig und überlieferte ihn den Peinigern, bis er alles bezahlt habe, was er ihm schuldig war.

Also wird auch mein himmlischer Vater euch tun, wenn ihr nicht ein jeder seinem Bruder von Herzen vergebet.

Petrus fragt seinen Herrn nach den Grenzen der Gnade, und die Antwort beschreibt Gnade als grenzenlos. Wir sollen einander unbegrenzt oft vergeben. Ich bin davon überzeugt, dass Gott so mit uns handelt, ansonsten hätte ich mich nach dem Kapitel über die Furcht und das Zittern besser in der Donau versenkt, damit ich mir durch die statistischen drei bis vier Jahrzehnte, die mir auf dieser Erde im Fleisch noch beschieden sind, nicht noch mehr Schuld auf mich lade, die mir die Hölle noch heißer machen würde. Doch Gott ist sehr barmherzig, geduldig und langsam zum Zorn. Diese unbegrenzte Vergebungsbereitschaft, die der Herr Jesus von schwachen Menschen wie uns fordert, spiegelt das Vaterherz Gottes wider.

Dann kommt das Gleichnis. Zuerst zeigt es uns Gott, der bereit ist, eine Schuld in astronomischer Höhe zu vergeben. Es ist übrigens nirgends davon die Rede, dass ein anderer eingesprungen wäre, um die Schuld stellvertretend zu bezahlen. Gottes Güte ist nicht berechnend, Er kann auch frei vergeben. Der Knecht verlässt den Thronsaal Gottes als ein freier Mann.

Dann begegnet er einem Mitknecht, der ihm eine vergleichsweise kleine Summe schuldet, und geht mit ihm unbarmherzig vor Gericht. Als das der König erfährt, passiert etwas ganz Eigenartiges, etwas, das überhaupt nicht zu der Vorstellung passt, die Schuld vor Gott wäre ein für allemal beglichen: Die Vergebung wurde rückgängig gemacht und der Knecht gefoltert bis er in der Lage war, die Schuld zu begleichen – also lebenslänglich. Ein schlimmeres Bild für die ewige Verdammnis könnten wir nicht zeichnen.

Was ist die Moral von der Geschichte? Der Herr Jesus sagt zu Seinen Jüngern, dass die Vergebung Gottes an die Bedingung geknüpft ist, dass auch wir dem Nächsten bereitwillig vergeben. Bereitwillig und unbegrenzt. Die Gnade ist nicht bedingungslos und nicht unwiderrufbar, lassen wir uns nicht täuschen!

Philipp Yancey, ein beliebter evangelikaler Autor, ließ sich täuschen und täuscht auch andere. Er schreibt:

(Philipp Yancey, S 65) Ich kann meine Definition der Gnade Gottes nicht einschränken, denn die Bibel zwingt mich dazu, sie so umfassend wie möglich zu formulieren. Gott ist „der Gott aller Gnade", so die Worte des

Apostels Petrus (1. Petr 5,10). Gnade heißt, es gibt nichts, was ich tun kann, damit Gott mich mehr liebt, und nichts, was ich tun kann, damit Gott mich weniger liebt. Das bedeutet: Auch wenn ich das Gegenteil verdient habe, bin ich eingeladen, meinen Platz am Tisch in Gottes Familie einzunehmen.

Wie passt diese „Definition der Gnade Gottes" zum Gleichnis des Herrn Jesus? Kann ein Jünger Christi etwas tun, das seinen Platz am Tisch in Gottes Familie gefährden würde? Ja, wir können unbarmherzig anderen gegenüber sein, die an uns schuldig geworden sind. Die Frage ist dabei gar nicht, ob Gott die Menschen weniger liebt, die Er verdammen muss. Ich denke, es bricht Ihm das Herz, jemanden verurteilen zu müssen.

Philipp Yancey geht in seinem Buch auch auf dieses Gleichnis ein (S 56-57), doch die harten Schlussverse übergeht er. Er blendet sie aus und konzentriert sich nur auf die (sicher hauptsächliche) Zielsetzung, dass wir durch die überwältigende Gnade zu gnädigen Menschen werden sollen.

(Philipp Yancey, S 57) Die Frage ist, wie können wir einander *nicht* vergeben angesichts all dessen, was Gott uns bereits vergeben hat?

Die traurige Tatsache ist, dass solch ein Verhalten unter Christen leider dennoch häufig vorkommt. Darum soll man den Schlussvers des Gleichnisses so ernst nehmen, wie der Herr diesen formuliert hat, und wie Er das auch an anderen Stellen nicht minder deutlich zum Ausdruck gebracht hat:

(Matthäus 7,1-2) Richtet nicht, auf dass ihr nicht gerichtet werdet; denn mit welchem Gericht ihr richtet, werdet ihr gerichtet werden, und mit welchem Maße ihr messet, wird euch gemessen werden.

Das ist kein Gleichnis, sondern eine direkte und klare Warnung. Wir legen selbst den Maßstab fest, nach dem wir beurteilt werden. Darum ist es besser, niemanden zu richten, sondern mit allen Menschen geduldig und barmherzig umzugehen.

(Matthäus 6,12-15) und vergib uns unsere Schulden, **wie auch wir** unseren Schuldnern vergeben; und führe uns nicht in Versuchung, sondern errette uns von dem Bösen. - Denn wenn ihr den Menschen ihre Vergehungen vergebet, so wird euer himmlischer Vater auch euch vergeben; wenn ihr aber den Menschen ihre Vergehungen nicht vergebet, so wird euer Vater auch eure Vergehungen nicht vergeben.

Wieder sagt der Herr, dass wir selbst das Maß der Gnade festlegen, in der wir stehen. Gnade ist also keineswegs etwas „Statisches", wie eine ein für allemal beglichene Schuld im Grunde statisch ist. Gnade ist hier direkt davon abhängig, ob wir selbst barmherzig sind.

Jakobus schreibt denselben Gedanken in seiner typisch direkten Art:

> (Jakobus 2,12) Also redet und also tut, als die durchs Gesetz der Freiheit gerichtet werden sollen. Denn das Gericht wird ohne Barmherzigkeit sein gegen den, der nicht Barmherzigkeit geübt hat. **Die Barmherzigkeit rühmt sich wider das Gericht.** Was nützt es, meine Brüder, wenn jemand sagt, er habe Glauben, hat aber nicht Werke? Kann etwa der Glaube ihn erretten?

Jakobus spricht den ganzen Wandel an, der durch das Gesetz (!) der Freiheit (= des Neuen Bundes!) gerichtet werden wird. Dieses Gesetz ist keineswegs nur Gnade und Barmherzigkeit, sondern kann erbarmungslos urteilen, nämlich jenen gegenüber, die nicht selbst Barmherzigkeit geübt haben. Darum rühmt sich die Barmherzigkeit gegen das Gericht; wer barmherzig anderen gegenüber handelt, wird auch von Gott barmherzig behandelt werden. Können wir also etwas dazu beitragen, dass Gott und mehr oder weniger gnädig ist? Absolut. Dann ist Gnade aber auch nicht mehr bedingungslos.

In einem modernen Loblied, „Allein Deine Gnade genügt" wird dieser Vers aus Jakobus folgendermaßen wiedergegeben (Lied 128 aus dem Liederbuch „Feiert Jesus", Hänssler Verlag Holzgerlingen 1995):

> (Allein deine Gnade genügt)
> (Refrain) Allein deine Gnade genügt,
> die in meiner Schwachheit Stärke mir gibt.
> Ich geb' dir mein Leben und was mich bewegt.
> Allein deine Gnade genügt.
>
> **(1) Ich muss mich nicht länger um Liebe bemüh'n,**
> ich habe Vertrauen zu dir.
> Du hast meine Sünde getilgt durch dein Blut,
> und Gnade ist für mich genug.
>
> (2) Das Blut Jesu lässt mich gerecht vor dir steh'n,
> Es hat alle Schuld gesühnt.
> **Die Gnade hat über Gericht triumphiert,**
> und nun bin ich frei in dir.

So wie die moderne evangelikale Übertragung „Hoffnung für alle" Phil 2,12 völlig verdreht, um sie der „Gnadentheologie" anzupassen, so verändert auch dieses beliebte Loblied die Aussagen der Schrift, indem es den Bibeltext nicht nur frei sondern sinnwidrig wiedergibt. Dieses Denken pflanzt sich fort und prägt sich ein.

Unser Glaube nützt uns nichts, wenn wir einander nicht vergeben. Das ist die harte und kompromisslose Botschaft der Gnade Gottes; ihr Ziel ist nicht, uns einen Gratis-Fahrschein in den Himmel zu erwerben, wo wir uns „nicht mehr um Liebe bemühen" müssen, sondern uns zu Menschen zu machen, die sich um Liebe bemühen; nämlich darum, die Liebe Gottes den Menschen möglichst umfassend weiterzugeben. Die Gnade Gottes ist nicht bedingungslos.

(Hebräer 12,14-15) Jaget dem **Frieden** nach mit allen und der **Heiligkeit,** ohne welche niemand den Herrn schauen wird; indem ihr darauf achtet, dass nicht jemand **an der Gnade Gottes Mangel leide**, dass nicht irgend eine Wurzel der **Bitterkeit** aufsprosse und euch beunruhige, und viele durch diese verunreinigt werden;

Das Gegenteil von Vergebung ist Unfriede zwischen den Menschen und Bitterkeit. Davon spricht der Hebräerbrief. Wer dem Frieden nicht nachjagt, was Vergebungsbereitschaft einschließt, wird den Herrn nicht schauen. Darum müssen wir darauf acht haben, dass niemand an der Gnade Gottes Mangel leide. Bitterkeit ist nicht nur für einen selbst schädlich, sondern auch ein Gift in der Gemeinde, weil sie einhergeht mit übler Nachrede und Parteigeist („hältst du zu mir oder zu ihm?"). In diesem Bereich ist höchste Sensibilität angebracht, denn für die Gemeinde bedeutet es, in den Streit mit hineingezogen zu werden, und für den Betroffenen … den Verlust des Heils, wenn er nicht umkehrt.

Wer gibt mir, Ruhe zu finden in dir?
Wer gibt mir, dass du in mein Herz
kommst und es berauschst, damit
ich das Schlechte an mir vergesse und
mein einziges Gut umfasse – dich?

(Augustinus, Bekenntnisse)

Glaube und Beziehung

Ein rein „juristisches" Gnadenverständnis greift zu kurz, weil eine solche Gnade nur Dinge ungeschehen machen, aber nichts Besseres geschehen lassen kann. Wenn ein Richter Schuld erlässt, einen Verbrecher also begnadigt, bewirkt er damit nicht automatisch, dass der Begnadigte ein rechtschaffenes Leben führt. Das sahen wir am Gleichnis vom unbarmherzigen Knecht. Die juristische Begnadigung führt auch nicht dazu, dass der Richter oder „der Staat", in dessen Auftrag dieser Recht spricht, der Verbrecher von nun an „adoptiert" ist und im Parlament und der Präsidentenvilla ein- und ausgehen kann.

Das juristische Gnadenverständnis greift deshalb in allem zu kurz. Das liegt aber auch am deutschen Wort Gnade, das in unserem Sprachgebrauch diesen juristischen Schwerpunkt hat. Das Griechische Wort „charis" ist in seiner Bedeutung viel breiter und meint vor allem Freundlichkeit und Güte. Es leitet sich von „chara" (= Freude) ab. Freundlichkeit und Güte sind nicht „von oben herab" wie Gnade, sondern eine Einladung „von unten herauf" zu kommen, in Beziehung zu treten. Freundlichkeit zielt auf Beziehung. Darum redet das Neue Testament insgesamt mehr von Beziehung als von Gnade, und zwar in den vielfältigsten Bildern und Beschreibungen.

Der Herr Jesus spricht von Braut und Bräutigam, von Schafen und dem Hirten, von einem gemeinsamen Essen, von Geschwistern, vom Vater und den Kindern, vom Meister und den Schülern, von Gott und Seinen Priestern … all das hat mit „charis", mit der freundlichen, beziehungsorientierten Gnade zu tun. Wirbt ein Bräutigam etwa um Seine Braut mit Worten wie: „Du hast zwar alles falsch gemacht, aber ich vergebe dir. Willst du mich heiraten?" Oder stellen Freunde das Versagen des anderen in den Mittelpunkt ihrer Beziehung, weil diese auf Vergebung beruht? Vergebung passiert bei echten Freunden eher „nebenbei", weil die Beziehung zueinander von Freundlichkeit geprägt ist.

In der Beziehung mit Gott ist Vergebung und Reinigung natürlich wichtig, aber das ist nur der Anfang. Darum hat Gnade im Neuen Testament auch damit zu tun, dass der Herr Jesus als das Lamm Gottes für unsere Sünden gestorben ist.

Das Hauptthema der Schrift ist aber der Zweck, das Ziel dieses Opfers: Die Gemeinschaft mit Gott.

Die evangelikale Betonung auf Glaube „allein" und Gnade „allein" konzentriert sich nahezu ausschließlich auf diesen Eintritt in die Beziehung zu Gott, aber nicht so sehr auf das Leben in dieser Beziehung. Ich stimme der Aussage zu, dass wir keine Vorleistungen bringen können oder auch müssen, um in die Beziehung mit Gott zu treten, außer den genannten Dingen der aufrichtigen Buße und Taufe zur Vergebung der Sünden, die eigentlich ja keine Werke sind, sondern nur das Eingeständnis der Bedürftigkeit.

Wer Gnade nur im Licht der Sündenvergebung sieht, und zwar in dieser juristisch-mathematischen Definition, dass die Schuld auf Heller und Pfennig in Ewigkeit durch das Blut Christi beglichen ist, hat seinem Fleisch gegenüber kein Argument mehr, der Sünde zu widerstehen. Philipp Yancey gibt in seinem Buch ein Beispiel, das sich in dieser oder einer ähnlichen Form bei jeder zweiten oder dritten evangelikalen Ehe in den USA wiederholt (die Scheidungsrate dort ist ebenso hoch wie in der Welt; in Europa hinken wir noch etwas nach, aber wir nähern uns bereits an):

(Philipp Yancey, S 171-172) Der Gedanke, dass man Gnade auch missbrauchen kann, wurde mir im Gespräch mit einem Freund, den ich hier einmal Daniel nennen will, ganz deutlich. Spätabends saß ich in einem Restaurant und hörte Daniel zu wie er mir eröffnete, er habe beschlossen, nach fünfzehn Jahren Ehe seine Frau zu verlassen. Er hat eine jüngere und hübschere Frau gefunden, eine, „bei der ich wieder zu neuem Leben erwacht bin". Er und seine Frau passten eigentlich recht gut zusammen. Er wollte einfach mal etwas anderes und legte sich eine neue Frau zu, so wie man sich ein neues Auto zulegt.

Als Christ wusste Daniel ganz genau um die persönlichen und moralischen Konsequenzen dessen, was er zu tun im Begriff war. Seine Entscheidung würde seiner Frau und den drei Kindern unwiderruflichen Schaden zufügen. Trotzdem, so sagte er, fühlte er sich zu der jüngeren Frau so stark hingezogen, dass er ihr einfach nicht widerstehen konnte.

Mit Traurigkeit und tiefem Bedauern hörte ich mir die Details der Geschichte an, ohne viel zu sagen. Ich versuchte nur, diese Neuigkeit zu verdauen. Beim Nachtisch sagte er plötzlich: „Um ehrlich zu sein, Philipp, ich wollte dich heute Abend aus einem ganz bestimmten Grund sprechen. Die ganze Zeit beschäftigt mich eine Frage. Du kennst dich doch gut in der Bibel aus. Glaubst du, Gott kann mir so etwas Schlimmes, wie ich es gerade vorhabe, vergeben?"

Die Frage schlug ein wie eine Bombe. Ich brauchte drei Tassen Kaffee, bevor ich überhaupt wagte, eine Antwort zu versuchen. Währenddessen dachte ich lange und intensiv über die möglichen Auswirkungen der Gnade nach. Wie konnte ich meinem Freund davon abbringen, solch einen schrecklichen Fehler zu begehen, wenn ich ihm sage, wie leicht Vergebung für ihn zu haben war?

Gnade „allein" kann hier keine Antwort bieten, und auch Philipp Yancey kommt nicht umhin, dass Vergebung dann nur durch Buße zu erlangen sei, durch Buße und das aufrichtige Bemühen, den Schaden wieder gut zu machen und die zeitliche Strafe Gottes (Züchtigung) demütig auszuhalten, wie das im Falle Davids und Batsebas geschehen ist (Psalm 51, 2. Sam 11-12). Aber Philipp enthält seinem Freund Daniel wichtige Verse vor:

(Hebräer 10,26-29) Denn wenn wir **mit Willen sündigen,** nachdem wir die Erkenntnis der Wahrheit empfangen haben, so bleibt kein Schlachtopfer für Sünden mehr übrig, sondern ein gewisses furchtvolles Erwarten des Gerichts und der Eifer eines Feuers, das die Widersacher verschlingen wird. Jemand, der das Gesetz Moses' verworfen hat, stirbt ohne Barmherzigkeit auf die Aussage von zwei oder drei Zeugen; wieviel ärgerer Strafe, meinet ihr, wird der wertgeachtet werden, der den Sohn Gottes mit Füßen getreten und das Blut des Bundes, durch welches er geheiligt worden ist, für gemein geachtet und **den Geist der Gnade geschmäht** hat?

Philipps Freund Daniel stand im Begriff, den Geist der Gnade zu schmähen indem er mit Willen sündigte. Er wollte sich auch noch die Erlaubnis von einem Theologen dazu holen, doch er tat es auch entgegen der Einwände, die er zu hören bekam. Wie wahrscheinlich ist echte Buße nach solch einer Sünde? Zugegeben, König David zerbrach an seiner Sünde, er kehrte in tiefer Reue um zu Gott. Dass dies möglich ist, können und dürfen wir nicht ausblenden. Doch David wusste, was es bedeutete, wenn er nicht umkehrt:

(Psalm 51,11) Verwirf mich nicht von deinem Angesicht, und den Geist deiner Heiligkeit nimm nicht von mir!

Außerdem können wir Gott nicht „zwingen", uns gnädig zu sein. Die Stelle im Hebräerbrief macht eine scharfe Unterscheidung zwischen dem Alten und dem Neuen Bund. Im Neuen Bund wiegt die Sünde schwerer, nachdem die Gnade und Freundlichkeit Gottes so deutlich offenbart worden ist. Die folgende „Verheißung" spricht nicht unbedingt dafür, dass Gott eine Tür zur Umkehr öffnen muss:

(Hebräer 6,4-6) **Denn es ist unmöglich,** diejenigen, welche einmal erleuchtet waren und geschmeckt haben die himmlische Gabe, und teilhaftig geworden sind des Heiligen Geistes, und geschmeckt haben das gute Wort Gottes und die Wunderwerke des zukünftigen Zeitalters, und abgefallen sind, wiederum zur Buße zu erneuern, indem sie den Sohn Gottes für sich selbst kreuzigen und ihn zur Schau stellen.

Daniel selbst hätte Philipp Yancey erklären müssen, wie er angesichts solcher Aussagen Hoffnung auf Vergebung haben könne. Ob er dann noch bereit gewesen wäre, sein Erstgeburtsrecht so billig zu verkaufen?

(Hebräer 12,16-17) dass nicht jemand ein Hurer sei oder ein Ungöttlicher wie Esau, der für eine Speise sein Erstgeburtsrecht verkaufte, denn ihr wisset, dass er auch nachher, als er den Segen ererben wollte, verworfen wurde **(denn er fand keinen Raum für die Buße),** obgleich er ihn mit Tränen eifrig suchte.

Gnade „allein" bietet keine Antwort, keine Hilfe im Kampf gegen solche Anfechtungen.

Der Geist der Gnade zielt auf die Beziehung mit Gott, auf Gemeinschaft, auf Liebe und Treue. Philipps Freund sah nur das Thema der vergebenen Schuld, das diese Engführung des evangelikalen Gnadenverständnisses so überbetont. Aber die vergebene Schuld kann, wie das im Gleichnis aus Matthäus 18 sehr deutlich wird, wieder voll angerechnet werden. Das geschieht dann, wenn man den Geist der Gnade schmäht und ignoriert, dass die Gnade dazu gegeben ist, uns mit Gott in Gemeinschaft zu bringen.

(Johannes 15,1-6) Ich bin der wahre Weinstock, und mein Vater ist der Weingärtner. Jede Rebe an mir, die nicht Frucht bringt, die nimmt er weg; und jede, die Frucht bringt, die reinigt er, auf dass sie mehr Frucht bringe. Ihr seid schon rein um des Wortes willen, das ich zu euch geredet habe. Bleibet in mir, und ich in euch. Gleichwie die Rebe nicht von sich selbst Frucht bringen kann, sie bleibe denn am Weinstock, also auch ihr nicht, ihr bleibet denn in mir. Ich bin der Weinstock, ihr seid die Reben. **Wer in mir bleibt und ich in ihm,** dieser bringt viel Frucht, denn außer mir könnt ihr nichts tun. **Wenn jemand nicht in mir bleibt, so wird er hinausgeworfen wie die Rebe und verdorrt; und man sammelt sie und wirft sie ins Feuer, und sie verbrennen.**

Wo ist die Gnade in diesen Worten des Herrn? Sie kommt dadurch zum Ausdruck, dass wir mit Ihm in Gemeinschaft kommen und gereinigt werden durch Sein Wort, und dadurch, dass uns Seine Kraft alles zum Leben und zur Gottseligkeit gibt (2. Petr 1,3). Gott will uns geistlich fruchtbar machen, das Leben des Herrn Jesus soll sich in uns auswirken. Dazu gehört, dass wir in Ihm bleiben „und" (!) Er in uns. Wenn wir unseren Teil aufgeben, wenn wir nicht in

Ihm bleiben, dann werden wir abgeschnitten und verbrannt. Das ist ein Bild für die Verdammnis.

Wir werden also nicht in die Gemeinschaft mit Gott berufen, damit wir in dieser Beziehung uns so benehmen wie in der Welt, nur ohne Konsequenzen. Wenn wir das glauben und ausleben, dann werden wir verworfen, denn dann haben wir den Geist der Gnade geschmäht.

Lehrt der Herr Jesus hier Glaube „allein" oder Gnade „allein"? Nein, Er ist gewiss kein Evangelikaler. Das Beispiel, das Philipp Yancey brachte, hat noch einen weiteren Aspekt, denn es ging darin um die Ehe. Gott hasst Scheidung (Mal 2,16), und der Herr Jesus ist bei der Scheidung sehr kompromisslos, jedoch lässt Er eine Ausnahme zu:

(Matthäus 5,31-32) Es ist aber gesagt: Wer irgend sein Weib entlassen wird, gebe ihr einen Scheidebrief. Ich aber sage euch: Wer irgend sein Weib entlassen wird, **außer auf Grund von Hurerei**, macht, dass sie Ehebruch begeht; und wer irgend eine Entlassene heiratet, begeht Ehebruch.

In dieser Ausnahme („aufgrund von Hurerei") ist meiner Überzeugung nach auch das Recht Gottes eingeschlossen, Christen zu verwerfen, die Ihm die Treue brechen:

(Jeremia 3,8) und ich sah, dass trotz alledem, **dass ich die abtrünnige Israel, weil sie die Ehe gebrochen, entlassen und ihr einen Scheidebrief gegeben hatte**, doch die treulose Juda, ihre Schwester, sich nicht fürchtete, sondern hinging und selbst auch hurte.

(Römer 11,22) Sieh nun die Güte und die Strenge Gottes: gegen die, welche gefallen sind, Strenge; **gegen dich aber Güte Gottes, wenn du an der Güte bleibst;** sonst wirst auch du ausgeschnitten werden.

(Jakobus 4,4) **Ihr Ehebrecherinnen,** wisset ihr nicht, dass die Freundschaft der Welt **Feindschaft wider Gott ist?** Wer nun irgend ein Freund der Welt sein will, stellt sich als Feind Gottes dar.

(Epheser 5,5-6) Denn dieses wisset und erkennet ihr, dass kein Hurer oder Unreiner oder Habsüchtiger, (welcher ein Götzendiener ist) ein Erbteil hat in dem Reiche Christi und Gottes. **Niemand verführe euch mit eitlen Worten,** denn dieser Dinge wegen kommt der Zorn Gottes über die Söhne des Ungehorsams.

Die Rede von Glaube „allein" und Gnade „allein" erweist sich in diesem Licht als eine Verführung durch eitle Worte. Philipps Freund ließ sich verführen, und er selbst wusste keine Antwort darauf, weil er in seinem Verständnis von Gnade selbst ein Verführter ist, auch wenn er selbst sich um einen aufrechten Wandel vor Gott bemüht.

Ich möchte hier ausdrücklich betonen: Aufgrund eines falschen Verständnisses von Glauben und Gnade geht niemand verloren, sondern nur aufgrund von Werken, die im Licht Gottes nicht bestehen können. Dabei spielt die theologische Erkenntnis keine Rolle – Das Gericht ist kein Bibelquiz. Aber eine falsche Theologie wird uns eher zur Sünde verleiten, während die gesunde Lehre uns davon eher abhält.

Es geht also um die Gemeinschaft mit Gott, nicht bloß um die Vergebung der Sünden. Darum ist der Wandel im Licht ein wesentlicher Teil unserer Errettung.

> (1. Johannes 2,1-5) Meine Kinder, ich schreibe euch dieses, **auf dass ihr nicht sündiget;** und wenn jemand gesündigt hat - wir haben einen Sachwalter bei dem Vater, Jesum Christum, den Gerechten. Und er ist die Sühnung für unsere Sünden, nicht allein aber für die unseren, sondern auch für die ganze Welt. Und hieran wissen wir, dass wir ihn kennen, wenn wir seine Gebote halten. Wer da sagt: Ich kenne ihn, und hält seine Gebote nicht, ist ein Lügner, und in diesem ist die Wahrheit nicht. Wer aber irgend sein Wort hält, in diesem ist wahrhaftig die Liebe Gottes **vollendet.** Hieran wissen wir, dass **wir in ihm** sind.

Die Liebe Gottes muss in uns zur Vollendung kommen, das ist ein Wachstumsprozess. Wir sollen lernen, alles zu tun, was der Herr Jesus geboten hat, das ist ein Jüngerschaftsprozess. Wir sollen uns bemühen, nicht zu sündigen, aber wenn jemand sündigt, es gibt doch Gnade und Vergebung. Dabei kommt es aber auf die Gesinnung an, Gnade ist absolut kein Freibrief und kein Blankoscheck:

> (1. Johannes 5,16) Wenn jemand seinen Bruder sündigen sieht, eine Sünde nicht zum Tode, so wird er bitten, und er wird ihm das Leben geben, denen, die nicht zum Tode sündigen. **Es gibt Sünde zum Tode;** nicht für diese sage ich, dass er bitten solle.

Ich erinnere noch einmal daran, dass es viele (!) sein werden, die Jesus als Herrn bekannt und auch viele „fromme Werke" getan haben, die nicht in das Reich Gottes gelangen werden. Ich denke, es liegt daran, dass sie nicht verstanden haben, was das Ziel der Gnade in unserem Leben ist. Ihre Bekehrung war wahrscheinlich echt, ihre Taufe aufrichtig nass, ihre ersten Schritte in der ersten Liebe vielleicht sogar lobenswert, doch ihr Ende war eine glatte Zielverfehlung. Der Glaube ist nicht nur der Akt der Bekehrung, sondern das Leben in der

Gemeinschaft mit Gott, der Wandel im Licht. Die Errettung ist ein Prozess der Reinigung und Heiligung in der Gnade Gottes.

Glaube und Liebe

Vielleicht sind wir jetzt so richtig am Boden zerstört, vielleicht dämmert uns, wie leichtfertig wir unser Christenleben bis jetzt geführt haben. Wenn es uns betroffen macht, wenn wir die Verzweiflung Davids im Psalm 51 in uns spüren, dann öffnet sich bei aller Schuld eine Tür der Gnade. Konnte jemand mehr falsch machen als David im Fall von Batseba? Aber wäre Gott ihm nicht durch Nathan entgegengekommen, hätte David möglicherweise bis zu seinem Lebensende mit der Vertuschung gelebt. Solange Gott uns noch entgegenkommt, solange der Hirte den verlorenen Schafen noch nachgeht, gibt es Hoffnung.

Was sollen wir tun? Ich blicke auf meine letzten zweiundzwanzig Jahre im Glauben zurück. Da war bei weitem nicht alles rein und heilig. Ich habe die Gnade und Glaube „allein" Lehre nicht nur geglaubt, sondern auch in Jüngerschaftsgruppen und Predigten gelehrt. Ich habe Menschen dadurch vielleicht sogar zur Sünde verführt. Es gibt kaum einen Vers, der mir mehr durch die Glieder fährt, als diese Warnung des Jakobus an die Lehrer:

(Jakobus 3,1-2) Seid nicht viele Lehrer, meine Brüder, da ihr wisset, dass wir ein schwereres Urteil empfangen werden; denn wir alle straucheln oft. Wenn jemand nicht im Worte strauchelt, der ist ein vollkommener Mann, fähig, auch den ganzen Leib zu zügeln.

Ich bin mit Lüge vertraut und Bitterkeit, ebenso wie mit Neid und Unreinheit. Jedes Werk des Fleisches kenne ich nicht nur aus meiner Zeit vor der Bekehrung, sondern auch danach. Ich weiß, wie es ist, wenn man mit der Sünde spielt, sich Szenarien überlegt, wie man etwas heimlich tun kann; ich kann mich in Philipps Freund Daniel gut hineinversetzen, wenngleich ich nie so weit gegangen bin wie er. Aber beim Sündigen kommt es weniger darauf an, wie weit man geht, als auf unser Herz.

Die Erkenntnis, zur Gemeinschaft mit Gott berufen zu sein, kam erst drei Jahre nach meiner Taufe; doch die erschütternde Einsicht, welche Gefahr im evangelikalen Erlösungsverständnis liegt, und wie diese mich in meinem geistlichen Kampf wehrlos macht, kam mir erst ab den Jahren 2006-2007, und das auch nur schrittweise. Was ich hier niederschreibe, schreibe ich mir also selbst zum Gericht.

Was soll ich also tun? Ich kann mich akribisch in das Gesetz Christi vertiefen, jede Bestimmung und Rechtsforderung analysieren und auf mein Leben anwenden. Das macht mich vielleicht nur noch verzweifelter, weil ich auf einmal den gesamten Lehrplan vor Augen habe, den der Meister für mein ganzes Leben vorgesehen hat. Heiligung und Erkenntnis des Willens Gottes ist ein Wachstumsprozess, in den wir im Lauf des Lebens immer tiefer eingeführt werden. Worauf es ankommt, ist die Liebe.

Einerseits können die Worte über die Notwendigkeit, anderen zu vergeben, die härtesten Worte für einen hartherzigen Menschen sein:

> (Matthäus 6,12) und vergib uns unsere Schulden, **wie auch wir** unseren Schuldnern vergeben;

Für einen barmherzigen Menschen enthält dieser Vers aber sehr viel Trost und Gewissheit. Ich darf anderen Menschen in Liebe und Geduld vergebungsbereit begegnen, und in (mindestens) derselben Liebe begegnet mir der Vater. Diese Bitte kommt ja aus dem Vater Unser, einem Gebet, das als Muster für all unser Beten gedacht ist, und es macht auch Sinn, oft mit genau diesen Worten zu beten. Der Herr selbst lehrte uns dieses Gebet und diese Bitte im vollen Bewusstsein, dass wir dies bitter nötig haben werden. Voraussetzung dafür aber ist die Demut, sich dies auch einzugestehen:

> (Jakobus 4,6-7) Er gibt aber größere Gnade; deshalb spricht er: "Gott widersteht den Hochmütigen, **den Demütigen aber gibt er Gnade".** Unterwerfet euch nun Gott. Widerstehet dem Teufel, und er wird von euch fliehen.

Auf die Frage, was das höchste Gebot sei, antwortete der Herr Jesus mit den bekannten Worten:

> (Matthäus 22,37-38) Er aber sprach zu ihm: "Du sollst den Herrn, deinen **Gott, lieben** mit deinem ganzen Herzen und mit deiner ganzen Seele und mit deinem ganzen Verstande". Dieses ist das große und erste Gebot. Das zweite aber, ihm gleiche, ist: "Du sollst **deinen Nächsten lieben** wie dich selbst". An diesen zwei Geboten hängt das ganze Gesetz und die Propheten.

Dieser Grundsatz gilt für beide Bünde (AT und NT). Auch die Bergpredigt lässt sich so zusammenfassen. Paulus sagt deshalb:

(Römer 13,10) Die Liebe tut dem Nächsten nichts Böses. So ist nun die Liebe die Summe des Gesetzes.

Das macht alles im Grunde sehr einfach und hilft mir, mich auf das Ziel der Gnade zu konzentrieren: Beziehung. Es geht um die Gemeinschaft mit Gott, nicht um die Erfüllung eines Leistungspensums. Auch der Gehorsam Gott gegenüber ist nicht das Endziel des Glaubens oder der Gnade.

(1. Timotheus 1,5) Das Endziel des Gebotes aber ist: Liebe aus reinem Herzen und gutem Gewissen und ungeheucheltem Glauben,

Mir wurde es sehr deutlich, dass der Glaube „allein" nichts nützt. Das Beharren auf diesem „reformatorischen Grundsatz" verstellt den Blick auf das Endziel und ist meines Erachtens eine Hauptursache für die Kraftlosigkeit der Christen in unserer westlichen Kultur, die es so leicht macht, sowohl fromm als auch weltlich zu sein, ohne dass es irgendjemandem seltsam vorkommt. Dass der größte Glaube „allein" nichts nützt, sagt sogar Paulus:

(1. Korinther 13,2b) Und wenn ich allen Glauben habe, so dass ich Berge versetze, aber nicht Liebe habe, so bin ich nichts.

Das führt zu dem letzten und wichtigsten Glauben „und", das ich hervorstreichen will: Glaube „und" Liebe. Wir werden den Gehorsam des Glaubens nicht durchhalten, wenn wir Gott nicht lieben und den Nächsten. Wir werden Gott aber auch nicht richtig lieben können, wenn wir die Liebe Gottes nicht richtig verstanden haben.

(Römer 5,1-10) Da wir nun **gerechtfertigt** worden sind aus Glauben, so haben wir Frieden mit Gott durch unseren Herrn Jesus Christus, durch welchen wir mittels des Glaubens auch **Zugang haben zu dieser Gnade,** in welcher wir stehen, und rühmen uns in der Hoffnung der Herrlichkeit Gottes. Nicht allein aber das, sondern wir rühmen uns auch der Trübsale, da wir wissen, dass die Trübsal Ausharren bewirkt, das Ausharren aber Erfahrung, die Erfahrung aber Hoffnung; die Hoffnung aber beschämt nicht, denn **die Liebe Gottes ist ausgegossen in unsere Herzen** durch den Heiligen Geist, welcher uns gegeben worden ist. Denn Christus ist, da wir noch kraftlos waren, zur bestimmten Zeit für Gottlose gestorben. Denn kaum wird jemand für einen Gerechten sterben; denn für den Gütigen möchte vielleicht jemand zu sterben wagen. **Gott aber erweist seine Liebe gegen uns darin, dass Christus, da wir noch Sünder waren, für uns gestorben ist.** Vielmehr nun, da wir jetzt durch sein Blut gerechtfertigt sind, werden wir durch ihn gerettet werden vom Zorn. Denn wenn wir, da wir Feinde waren, mit Gott versöhnt wurden durch den Tod seines Sohnes, viel mehr werden wir, da wir versöhnt sind, **durch sein Leben gerettet** werden.

Das sind ganz wichtige Worte, die unsere Beziehung zu Gott beschreiben. Wenn ich in den vergangenen Seiten auch sehr viel von unserer Verantwortung geschrieben habe, so heißt das nicht, dass ich damit die Grundlage unserer Errettung leugnen möchte. „Glaube und ..." bedeutet ja nicht, dass die anderen Dinge für sich allein genommen heilsbegründend wären, sondern nur im Zusammenhang mit dem Glauben, sodass es zuletzt immer der Glaube ist, der rettet. Ohne Glauben ist es nämlich unmöglich, Gott zu gefallen (Heb 11,6). Allerdings ist der Glaube ohne die genannten Dinge (Buße, Bekenntnis, Taufe, Gehorsam, Gnade, Vergebung, Beziehung und Liebe) auch nichts.

In diesen Versen aus Römer 5 (und auch an vielen anderen Stellen) wird uns aber Gottes Liebe vor Augen gemalt, ohne die wir selbst unfähig zur Liebe wären. Diese Liebe ist in unsere Herzen ausgegossen worden durch den Heiligen Geist. Wir sind gerechtfertigt worden, d.h. in eine Beziehung mit Gott gebracht, wo Er uns annehmen kann, weil wir durch das Blut Christi gereinigt sind. Er ist für uns gestorben, als wir noch nichts von Ihm wussten, lange vor unserer Geburt. Viele Jahre lebten wir ohne Kenntnis Seines Willens oder in offener Rebellion gegen Ihn. In all diesen Jahren hat Gott um unser Herz geworben. Ich kann mich an die Zeit in der evangelischen Jungschar erinnern, wo ich vom Evangelium gehört habe, ohne es zu verstehen. Ich kann mich an den Konfirmationsunterricht erinnern, und wurde doch als Atheist konfirmiert. Ich kann mich an meine Bekehrung und Taufe im Alter von 18 Jahren erinnern und meinen Glaubensweg bis heute. Hat Gott mein Herz gewonnen?

Können wir die Liebe Gottes wirklich verstehen? Was es bedeutet, den eigenen Sohn zu opfern, um Menschen, die das Gegenteil verdienen, aus der Macht Satans und der Sünde freizukaufen? In Ewigkeit sehen wir den Herrn Jesus deshalb vor allem als das Lamm:

(Offenbarung 5,6)   Und ich sah inmitten des Thrones und der vier lebendigen Wesen und inmitten der Ältesten ein Lamm stehen wie geschlachtet, das sieben Hörner hatte und sieben Augen, welche die sieben Geister Gottes sind, die gesandt sind über die ganze Erde.

(Offenbarung 21,22-23)   Und ich sah keinen Tempel in ihr, denn der Herr, Gott, der Allmächtige, ist ihr Tempel, und das Lamm. Und die Stadt bedarf nicht der Sonne, noch des Mondes, auf dass sie ihr scheinen; denn die Herrlichkeit Gottes hat sie erleuchtet, und ihre Lampe ist das Lamm.

Es geht in der Gnade Gottes um weit mehr als um eine „offene Rechnung", die beglichen werden musste, damit Gott uns gnädig sein konnte. Sieht man die

Erlösung nur (oder hauptsächlich) unter diesem Aspekt, dann ist Gott nicht gnädig oder liebevoll, sondern einfach nur gerecht und gesetzeskonform.

Das Ziel des Evangeliums ist aber die Versöhnung mit Gott, eine persönliche Beziehung in ungetrübter Gemeinschaft. Es ist klar, dass Sünde all das stören und in letzter Konsequenz auch zerstören würde, was Christus uns durch sein Blut erworben hat. Darum ist das tiefe Erkennen Seiner Liebe auch Voraussetzung dafür, in dieser Liebe das Gesetz zu erfüllen.

Wir werden, heißt es in Röm 5,10 durch das Leben Christi gerettet. Das bedeutet nicht, dass Er für uns gelebt hätte, sondern dass wir wie Er leben sollen:

(Römer 6,4-13) So sind wir nun mit ihm begraben worden durch die Taufe auf den Tod, auf dass, **gleichwie Christus** aus den Toten auferweckt worden ist durch die Herrlichkeit des Vaters, **also auch wir in Neuheit des Lebens wandeln.** Denn wenn wir mit ihm einsgemacht worden sind in der Gleichheit seines Todes, so werden wir es auch in der seiner Auferstehung sein, indem wir dieses wissen, dass unser alter Mensch mitgekreuzigt worden ist, auf dass der Leib der Sünde abgetan sei, **dass wir der Sünde nicht mehr dienen.** Denn wer gestorben ist, ist freigesprochen von der Sünde. Wenn wir aber mit Christo gestorben sind, so glauben wir, **dass wir auch mit ihm leben werden,** da wir wissen, dass Christus, aus den Toten auferweckt, nicht mehr stirbt; der Tod herrscht nicht mehr über ihn. Denn was er gestorben ist, ist er ein für allemal der Sünde gestorben; **was er aber lebt, lebt er Gott. Also auch ihr, haltet euch der Sünde für tot, Gott aber lebend in Christo Jesu.** So herrsche denn nicht die Sünde in eurem sterblichen Leibe, um seinen Lüsten zu gehorchen; stellet auch nicht eure Glieder der Sünde dar zu Werkzeugen der Ungerechtigkeit, **sondern stellet euch selbst Gott dar als Lebende aus den Toten, und eure Glieder Gott zu Werkzeugen der Gerechtigkeit.**

Der Sinn der Wiedergeburt besteht darin, ein Leben in neuer Qualität zu erhalten, das Leben Christi durch den Heiligen Geist:

(Galater 2,20) ich bin mit Christo gekreuzigt, **und nicht mehr lebe ich, sondern Christus lebt in mir;** was ich aber jetzt lebe im Fleische, lebe ich durch Glauben, durch den an den Sohn Gottes, der mich geliebt und sich selbst für mich hingegeben hat.

Dieses Leben Christi in uns ist eine Realität, aber kein Automatismus. Es geht nicht nur um Glauben, sondern auch um Fleiß:

(2. Petrus 1,3-11) **Da seine göttliche Kraft uns alles** in betreff des Lebens und der Gottseligkeit **geschenkt hat** durch die Erkenntnis dessen, der uns

berufen hat durch Herrlichkeit und Tugend, durch welche er uns die größten und kostbaren Verheißungen geschenkt hat, auf dass ihr durch diese **Teilhaber der göttlichen Natur** werdet, indem ihr dem Verderben entflohen seid, das in der Welt ist durch die Lust; ebendeshalb reichet aber auch dar, **indem ihr allen Fleiß anwendet,** in eurem Glauben die Tugend, in der Tugend aber die Erkenntnis, in der Erkenntnis aber die Enthaltsamkeit, in der Enthaltsamkeit aber das Ausharren, in dem Ausharren aber die Gottseligkeit, in der Gottseligkeit aber die Bruderliebe, in der Bruderliebe aber die Liebe. Denn wenn diese Dinge bei euch sind und reichlich vorhanden, so stellen sie euch nicht träge noch fruchtleer hin bezüglich der Erkenntnis unseres Herrn Jesus Christus. Denn bei welchem diese Dinge nicht sind, der ist blind, kurzsichtig und hat die Reinigung seiner vorigen Sünden vergessen. Darum, Brüder, **befleißiget euch um so mehr, eure Berufung und Erwählung fest zu machen;** denn wenn ihr diese Dinge tut, so werdet ihr niemals straucheln. Denn also wird euch reichlich dargereicht werden der Eingang in das ewige Reich unseres Herrn und Heilandes Jesus Christus.

„Glaube und …" wird durch kaum einen Text so kräftig illustriert wie durch diese Worte des Petrus: Glaube und Fleiß, Glaube und Tugend, Glaube und Erkenntnis, Glaube und Enthaltsamkeit, Glaube und Ausharren, Glaube und Gottseligkeit, Glaube und Bruderliebe, Glaube und Liebe. Das heißt nicht, dass wir erst am Ende unseres Lebens lieben lernen sollen; vielmehr steht das bereits am Anfang unserer Jüngerschaft. Diese „Ergänzungen" zum Glauben wachsen gemeinsam, sie beginnen bescheiden, und manchmal nimmt das eine mehr zu als das andere.

Bei wem diese Dinge aber nicht vorhanden sind, der ist fruchtleer und in seiner Beziehung zu Gott wie ein Ungläubiger. Das sind sehr ernste Worte, die wir sehr selbstkritisch an uns selbst anlegen sollen. Wir sollen unsere Berufung und Erwählung befestigen, damit sie uns nicht verkümmert und verloren geht. Wer keine Frucht bringt, sagt der Herr, wird abgeschnitten und verbrannt.

Das war das letzte Glaube „und" das ich betonen wollte. Man wird noch mehr finden, wenn man die Schrift aufmerksam liest. All diese Beispiele widerlegen die evangelikale Lehre vom Glauben „allein" und fordern uns auf, unsere Theologie gründlich zu überdenken.

„Heilspunktualismus"
oder ein Weg des Heils

Der Hauptirrtum in der evangelikalen Theologie liegt in der Fixierung auf Glauben als punktuelle, einmalige Entscheidung. Das ist keineswegs eine überzogene Kritik, wie in folgenden Beispielen deutlich wird:

(Walvoord und Chafer, S 189) Beim Nachdenken über das Werk Gottes für die verlorenen Menschen ist es wichtig, zu unterscheiden zwischen dem vollendeten Werk Christi für alle, das in unendlicher Vollkommenheit vollendet ist, und dem errettenden Werk Gottes, das gewirkt wird für und in dem einzelnen **in dem Augenblick, wo er an Christus glaubt.**

(Walvoord und Chafer, S 190) Das errettende Werk Gottes ist vollendet **in dem Augenblick, in dem ein Mensch glaubt.** Es umfasst mehrere Phasen: Erlösung, Versöhnung, Sühne, Vergebung, Wiedergeburt, Zurechnung, Rechtfertigung, Heiligung, Vollkommenheit, Verherrlichung.

Ich nenne solch eine Sicht der Errettung einen „Heilspunktualismus" im Gegensatz zum „Weg" der Errettung. Sehr viel wird daraus gemacht, dass wir in Christus in die „Stellung von" Heiligen und Vollkommenen gebracht sind, klein geredet werden all jene Stellen, die von der Verwirklichung all dessen reden. Nach der Glauben „allein" Lehre, genügt es, in die Stellung versetzt zu sein, die praktische Heiligung ist zwar wünschenswert, bzw. als „natürlich" zu erwarten, jedoch keineswegs heilsbegründend. Darum passen Verse wie Heb 12,14 nicht wirklich ins Konzept:

(Hebräer 12,14) Jaget dem Frieden nach mit allen und der Heiligkeit, ohne welche niemand den Herrn schauen wird;

William MacDonald macht sehr viele Worte um diesen „heißen Brei", und kommt auf eine recht erstaunliche Schlussfolgerung:

(William MacDonald) Doch eine Schwierigkeit bleibt! Stimmt es, dass wir den Herrn ohne praktische Heiligung nicht sehen werden? Ja, **in gewissem Sinne** ist das wahr, doch sollten wir verstehen, dass dies nicht bedeutet, dass wir uns das Recht verdienen, Gott zu sehen, indem wir ein geheiligtes Leben führen. Jesus Christus ist unser einziger Anspruch auf den Himmel. Dieser Vers bedeutet jedoch, dass es bei uns praktische „Heiligung" geben muss als Beweis des neuen Lebens in uns. **Wenn ein Mensch nicht immer mehr geheiligt wird, dann ist er nicht errettet** (d.h. er war nie wirklich bekehrt! Anm. Alexander Basnar). Wenn der Heilige Geist in diesem Menschen wohnt, dann macht er seine Gegenwart dadurch deutlich, dass er von der Sünde getrennt lebt. **Es handelt sich hier um Ursache und Wirkung.** Wenn jemand Christus angenommen hat, dann werden Ströme lebendigen Wassers fließen.

Wenn es jedoch „Ursache und Wirkung" ist, sprich eine natürliche und unausweichliche Folge der Innewohnung des Heiligen Geistes, dann sind Imperativ und Warnung des Hebräerbriefes unsinnig. Dann müsste es eher heißen:

(Inhalt von Heb 12,14 nach William MacDonald, frei zusammengefasst) Jeder der wirklich gläubig ist, bei dem wird das auch sichtbar, weil der Heilige Geist gar nicht anders kann als uns zu heiligen.

Tatsache ist aber, dass wir selbst (!) der Heiligung nachjagen und allen Fleiß aufwenden sollen (2. Petr 1,3-11); verbunden mit der Warnung: Wer nicht geheiligt lebt, wird Gott nicht sehen, das Ziel verfehlen. Er „ist" nicht unerrettet, er wird nicht gerettet werden! Das Urteil wird erst am Ende des Lebens gesprochen.

Die Errettung hat somit einen Anfangspunkt in Buße, Bekehrung, Taufe und Wiedergeburt. Doch sie hat auch einen Endpunkt, wenn wir den Lauf vollendet haben, den Glauben bewahrt haben, uns geheiligt haben und bis zum Ende ausgeharrt haben. Von der Errettung im Sinne der Vollendung kann man erst am Ende dieses Weges reden.

(2. Timotheus 4,6-8) Denn ich werde schon als Trankopfer gesprengt, und die Zeit meines Abscheidens ist vorhanden. **Ich habe** den guten Kampf gekämpft, **ich habe** den Lauf vollendet, **ich habe** den Glauben bewahrt; fortan liegt mir bereit die Krone der Gerechtigkeit, welche der Herr, der gerechte Richter, mir zur Vergeltung geben wird an jenem Tage; nicht allein aber mir, sondern auch allen, die seine Erscheinung lieben.

Das Glaubensleben des Paulus war kein Spaziergang. Kaum einer hat wie er immer wieder die Gnade Gottes in seinem Leben gerühmt, doch was sagt er am Ende seines Lebens? „Ich habe", „ich habe", „ich habe" …

Paulus hat den Glauben bewahrt und zeigt uns damit, dass auch wir eine Verantwortung gegenüber unserem Glauben haben. Wir müssen ihn mit aller Kraft bewahren, denn es ist täglich möglich, die Flinte ins Korn zu werfen und die Welt lieb zu gewinnen, wie Demas es tat (2. Tim 4,10).

Paulus hat den Lauf vollendet und zeigt uns damit, dass der Marathonlauf des Glaubens nicht bereits auf halber Strecke oder gar einen Schritt nach der Startlinie bereits als gewonnen gewertet wird. Den Lauf zu beginnen, ist eine Sache; den Lauf zu vollenden ist aber das Ziel.

Paulus hat den guten Kampf gekämpft und zeigt uns damit, dass wir den geistlichen Kampf auch tatsächlich kämpfen müssen. Es geht nicht um eine Art Computerspiel, das uns einen netten geistlichen Zeitvertreib bietet, sondern um einen echten Kampf gegen das Fleisch, die Sünde, die Welt und den Teufel; es geht um das Erreichen des Zieles, um unser Heil.

Zwei der Hauptverse, mit denen der Heilspunktualismus begründet wird, sind Johannes 3,16 und 36:

(Johannes 3,16)   Denn also hat Gott die Welt geliebt, dass er seinen eingeborenen Sohn gab, auf dass jeder, der an ihn glaubt, nicht verloren gehe, sondern ewiges Leben habe.

(Johannes 3,36)   Wer an den Sohn glaubt, hat ewiges Leben; wer aber dem Sohne nicht glaubt, wird das Leben nicht sehen, sondern der Zorn Gottes bleibt auf ihm.

William MacDonald geht in seinem Kommentar leidenschaftlich darauf ein:

(William MacDonald – zu Joh 3,16) Dies ist einer der bekanntesten Verse der ganzen Bibel, zweifellos, weil er das Evangelium so klar und deutlich ausspricht. Er fasst zusammen, was der Herr Jesus soeben über die Wiedergeburt gelehrt hat. Wir lesen: „So hat Gott die Welt geliebt". Das Wort „Welt" beinhaltet hier die gesamte Menschheit. Gott liebt nicht die Sünden der Menschen oder das böse Weltsystem, sondern die Menschen. Er möchte nicht, dass auch nur ein einziger verloren geht.

Das Ausmaß seiner Liebe zeigt sich darin, „dass er seinen eingeborenen Sohn gab." Gott hat keinen anderen Sohn als den Herrn Jesus. Es war

Ausdruck seiner unendlichen Liebe, dass er willig war, seinen einzigen Sohn für ein rebellisches Geschlecht von Sündern zu opfern. Das heißt jedoch nicht, dass *jeder* gerettet ist. **Ein Mensch muss annehmen, was Gott für ihn getan hat,** ehe Gott ihm das ewige Leben gibt. Deshalb sind hier die Worte angefügt: „Damit jeder, der an ihn glaubt, nicht verloren gehe". Niemand muss verloren gehen. Es ist ein Weg gefunden, der zur Erlösung führt, auf dem alle gerettet werden, wenn sie **nur** den Herrn Jesus Christus als persönlichen Heiland **anerkennen.** Wer das tut, hat **das ewige Leben als sofortiges Eigentum.**

Heilspunktualismus. Es geht nur darum, dem Werk Christi zuzustimmen, ein „Ja" zu sagen, es anzunehmen, und schon hat man das ewige Leben als sofortigen (!) Besitz (!).

(William MacDonald – zu Joh 3,36) Gott hat Christus die Macht gegeben, all denen „ewige Leben" zu geben, die an ihn glauben. Das ist einer der eindeutigsten Verse der ganzen Bibel, die sagen, wie ein Mensch errettet werden kann. Es geht **einfach um den Glauben** an den Sohn. Wie wir in diesem Vers lesen, sollten wir erkennen, dass hier Gott spricht. Er gibt hier ein Versprechen, das niemals gebrochen werden kann. Er sagt ausdrücklich und deutlich, dass jeder, der „an den Sohn glaubt, ewiges Leben hat." Wenn man dieses Versprechen ernst nimmt, so ist das kein Sprung ins kalte Wasser. **Man glaubt einfach** an etwas, das kein Betrug sein *kann.* Diejenigen, die dem Sohn nicht gehorchen, werden „das Leben nicht sehen, sondern der Zorn Gottes bleibt auf" ihnen. Aus diesem Vers lernen wir, dass unser ewiges Schicksal davon abhängt, was wir mit dem Sohn Gottes anfangen. **Wenn wir ihn annehmen,** dann gibt Gott uns **als Geschenk das ewige Leben.** Wenn wir ihn ablehnen, werden wir niemals ewiges Leben haben, und nicht nur das, sondern der Zorn Gottes hängt schon wie ein Damoklesschwert über uns, bereit, jeden Augenblick zu fallen.

Man beachte, dass wir in diesem Vers nichts davon lesen, dass wir das Gesetz halten, die Goldene Regel beachten, zur Kirche gehen, unser Bestes tun oder unseren Weg in den Himmel erarbeiten müssten.

Leider – so schön und einfach das wäre – ist all das komplett falsch. Beginnen wir bei der Zeitform des Verbs „glauben". In beiden Versen steht das Verb im Partizip Präsens und meint eine andauernde, lineare Handlung (wie wir auch schon bei Joh 5,24 gesehen haben). Um Missverständnisse auszuschließen, müsste man die Verse folgendermaßen übersetzen:

(Johannes 3,16)   Denn also hat Gott die Welt geliebt, dass er seinen eingeborenen Sohn gab, auf dass jeder, der (beständig) an ihn glaubt, nicht verloren gehe, sondern ewiges Leben habe.

(Johannes 3,36) Wer (beständig) an den Sohn glaubt, hat ewiges Leben; wer aber dem Sohne (beharrlich) nicht glaubt, wird das Leben nicht sehen, sondern der Zorn Gottes bleibt auf ihm.

In Joh 3,16 ist das Wort für (ewiges Leben) „haben" zudem im Konjunktiv, im Vers 36 dann im Indikativ. In beiden Fällen ist das Haben des ewigen Lebens gebunden an den Glauben, und der Glaube ist kein einmaliges Bekenntnis, sondern eine lebenslang beibehaltene Beziehung zu Gott. Der Heilspunktualismus versteht es hingegen als: „wer sich einmal entschieden hat, Jesus zu glauben", nur wäre für diesen Gedanken in der griechischen Grammatik ein Aorist notwendig, der ein punktuelles und abgeschlossenes Ereignis beschreibt. Der Heilspunktualismus widerspricht also den grammatischen Tatsachen der Schlüsselverse!

Lesen wir aber weiter, finden wir im Anschluss an Joh 3,16 folgende Aussagen:

(Johannes 3,18-21) Wer **(beständig) an ihn glaubt, wird nicht gerichtet;** wer aber (beharrlich) nicht glaubt, ist schon gerichtet, weil er nicht geglaubt hat (Vergangenheit, im Rückblick auf das abgeschlossene Leben) an den Namen des eingeborenen Sohnes Gottes. Dies aber ist das Gericht, dass das Licht in die Welt gekommen ist, und die Menschen haben die Finsternis mehr geliebt als das Licht, denn ihre Werke waren böse. Denn jeder, der (beständig) Arges tut, hasst das Licht und kommt nicht zu dem Lichte, auf dass seine Werke nicht bloßgestellt werden; wer **aber (beständig) die Wahrheit tut,** kommt zu dem Lichte, auf **dass seine Werke offenbar werden,** dass sie in Gott gewirkt sind.

Das steht unmittelbar nach Joh 3,16 und beschreibt die endgültige Beurteilung des Lebens. Nach welchen Kriterien wird beurteilt? Genau wie in Joh 5,24 und allen anderen Stellen, die das Gericht behandeln, nach den Werken! Es geht also nicht darum, einfach einmal nur Jesus als Heiland „anzuerkennen", sondern ein im Glauben gehorsames Leben zu führen in der Kraft Gottes.

Am Ende des Lebens, vor dem Thron Gottes, wird das gesamte Leben beurteilt und nicht bloß eine einmalige „Entscheidung für Christus" unter dem Eindruck der tollen Lobpreisband und der einfühlsamen Worte des Evangelisten. Die Errettung ist ein Prozess, der mit der Bekehrung – ohne jegliche Vorleistung unsererseits! – beginnt, aber durch ein gehorsames Leben in der Beziehung mit Gott vollendet wird:

(Jakobus 2,22) Du siehst, dass der Glaube zu seinen Werken mitwirkte, und dass **der Glaube durch die Werke vollendet** wurde.

Wie falsch und irreführend sind daher der Heilspunktualismus und die Lehre vom Glauben „allein"!

Wollen und Vollbringen – das Gelingen

Mit dem Kapitel „Furcht und Zittern – die Erschütterung" habe ich einen Vers in die Diskussion gebracht, dessen Folgeverse ich absichtlich nicht weiter zitiert habe. Mein Ziel war, damit etwas wie Verzweiflung aufkommen zu lassen. Der Philipperbrief ist jedoch ein Brief der Freude und der Zuversicht. Es ist nicht unwesentlich, dass Paulus bereits am Anfang sagt:

(Philipper 1,6) indem ich eben dessen in guter Zuversicht bin, dass der, welcher ein gutes Werk in euch angefangen hat, es vollführen wird bis auf den Tag Jesu Christi;

Das war einer der „Gewissheitsverse", die ich schon früh in meinem Glaubensleben auswendig gelernt habe. Gott wird mich ans Ziel bringen, ich muss es nicht alleine schaffen. Was ist die Grundlage der Zuversicht des Apostels? Das steht im Vers davor:

(Philipper 1,5) wegen eurer Teilnahme an dem Evangelium vom ersten Tage an bis jetzt,

Paulus sieht einen beständigen Glauben. Es gehört zu den wichtigen „unds", dass die Errettung ein Zusammenwirken von Gott „und" Mensch voraussetzt. Gott allein rettet uns nicht, denn Er erwartet von uns die Antwort des Glaubens, der in der Liebe tätig ist (Gal 5,6). Andererseits ist unser Bemühen alleine auch nicht ausreichend, weil unser Fleisch gegen den Geist aufbegehrt, sodass wir nicht tun, was wir wollen:

(Galater 5,17) Denn das Fleisch gelüstet wider den Geist, der Geist aber wider das Fleisch; diese aber sind einander entgegengesetzt, auf dass ihr nicht das tuet, was ihr wollt.

Jeder ernsthafte Christ kennt das Dilemma, dass der Geist zwar willig, aber das Fleisch schwach ist. Genau dieses Dilemma wird in Phil 2,12-13 gelöst, indem Paulus uns zeigt, wie das Wollen und das Vollbringen in uns zustande kommen:

(Philipper 2,12+13) Daher, meine Geliebten, gleichwie ihr allezeit gehorsam gewesen seid, nicht allein als in meiner Gegenwart, sondern jetzt vielmehr in meiner Abwesenheit, bewirket eure eigene Seligkeit mit Furcht und Zittern; **denn Gott ist es, der in euch wirkt** sowohl das Wollen als auch das Wirken, nach seinem Wohlgefallen.

Der Zweck der Neuen Geburt ist die Innewohnung des Heiligen Geistes, damit in uns jemand wirkt, der stärker als unser Fleisch ist. Gott wirkt in uns das Wollen und das Vollbringen. Wir können also Gott gehorsam leben, weil Gott das in uns bewirkt. Darum kann Paulus den Brief auch so zuversichtlich beginnen, weil er damit rechnen kann, dass Gott das in uns begonnene Werk vollenden wird.

Geschieht dies nun automatisch? Es steht ja deutlich da, dass Gott alles bewirkt. Aber es gibt noch einen Vers, direkt danach:

(Philipper 2,14-15) **Tut alles ohne Murren und zweifelnde Überlegungen,** auf dass ihr tadellos und lauter seid, unbescholtene Kinder Gottes, inmitten eines verdrehten und verkehrten Geschlechts, unter welchem ihr scheinet wie Lichter in der Welt,

Gott wirkt das Wollen und das Vollbringen, aber das Tun nimmt Er uns nicht ab. Murren und zweifelnde Überlegungen sind das direkte Gegenteil von Glauben; Gott nimmt uns also weder das Glauben noch das Tun ab (auch in diesem Vers haben wir also ein „Glauben und …": Glauben – nicht Murren oder Zweifeln – und Tun).

Wenn wir „alles" tun, dann werden wir tadellos und unbescholten sein, Lichter in dieser finsteren Welt, an denen sich andere orientieren können. Hier geht es nicht um die Illusion, ein sündloses Leben zu führen, denn wir straucheln alle oft (Jak 3,1), sondern um die Verheißung, nicht straucheln zu müssen.

(2. Petrus 1,10) Darum, Brüder, befleißiget euch um so mehr, eure Berufung und Erwählung fest zu machen; denn wenn ihr diese Dinge tut, **so werdet ihr niemals straucheln.**

(Judas 1,24-25) Dem aber, **der euch ohne Straucheln zu bewahren** und vor seiner Herrlichkeit tadellos darzustellen vermag mit Frohlocken, dem alleinigen Gott, unserem Heilande, durch Jesum Christum, unseren Herrn, sei Herrlichkeit, Majestät, Macht und Gewalt vor aller Zeit und jetzt und in alle Ewigkeit! Amen.

Auch im Vergleich dieser beiden Stellen fällt auf, dass es einmal als unsere Verantwortung beschrieben wird (wir befleißigen uns), das andere Mal als Gottes Wirken (er bewahrt uns). Das Geheimnis ist wieder ein „und": Gott „und" wir gemeinsam. Es geht nicht darum, dass wir unser Heil in der Kraft des eigenen Fleisches erarbeiten müssten, aber es ist auch nicht so, dass Gott alles für uns tut. Das verstehen auch so (im allgemeinen) gründliche Bibellehrer wir Walvoord und Chafer nicht, weil ihnen das Glaube „allein" den Blick auf diese Wahrheiten verstellt:

(Walvoord und Chafer, S 198) Da **jedes menschliche Zutun ausgeschlossen** wird, ist das Evangelium der Gnade die Proklamation der mächtigen, erlösenden, **umgestaltenden Gnade Gottes,** die allen Gläubigen ewiges Leben und ewige Herrlichkeit anbietet.

Das menschliche Zutun ist jedoch nicht ausgeschlossen, sondern sogar gefordert! Gott wirkt das Wollen und Vollbringen, deshalb tut alles im Glauben (Phil 2,13-14)! Gott hat uns alles zum Leben und zur Gottseligkeit Nötige geschenkt, deshalb wendet allen Fleiß auf (2. Petr 1,3-11)!

Das bedeutet, dass die Zuversicht aus Phil 1,6, dass Gott uns vollenden wird, nicht losgelöst von unserem Glaubensgehorsam verstanden werden darf. Wer das versucht, reißt solche Perlen göttlicher Verheißung aus ihrem Zusammenhang, wie man eine Perle von der Kette löst. Diese einzelne Perle kann man ohne die Kette jedoch nicht mehr um den Hals hängen; nur im Verband mit der Fassung, der Goldkette und den anderen Kleinoden, die diese zieren, eignet sie sich als Schmuck. So macht die Verheißung in Phil 1,6 auch nur im Licht von Phil 2,12-14 Sinn, wobei auch der Furcht und dem Zittern Raum gegeben werden muss.

Gott „und" Mensch, das ist auch der Kern im Gleichnis vom Weinstock und den Reben:

(Johannes 15,4-5) **Bleibet in mir, und ich in euch.** Gleichwie die Rebe nicht von sich selbst Frucht bringen kann, sie bleibe denn am Weinstock, also auch ihr nicht, ihr bleibet denn in mir. Ich bin der Weinstock, ihr seid die Reben. **Wer in mir bleibt und ich in ihm,** dieser bringt viel Frucht, denn außer mir könnt ihr nichts tun.

Er in uns „und" wir in ihm. Beides ist notwendig, um Frucht zu bringen. Die Frucht kommt vom Weinstock, so wie das Wollen und Vollbringen von Gott gewirkt wird. Wir aber müssen in Ihm bleiben, und das bedeutet Ihn lieben und Ihm gehorchen:

> (Johannes 15,10) **Wenn ihr meine Gebote haltet, so werdet ihr in meiner Liebe bleiben,** gleichwie ich die Gebote meines Vaters gehalten habe und in seiner Liebe bleibe.

Wer jedoch nicht in Ihm bleibt, das heißt ein ungehorsames Leben führt, weil er den Herrn nicht wirklich liebt, der bleibt fruchtleer und wird abgeschnitten:

> (Johannes 15,6) **Wenn jemand nicht in mir bleibt,** so wird er hinausgeworfen wie die Rebe und verdorrt; und man sammelt sie und wirft sie ins Feuer, und sie **verbrennen.**

Das menschliche Tun ist also nicht ausgeschlossen, sondern sogar heilsnotwendig.

Durch den Geist Gottes in uns, wird auch unser persönliches Dilemma gelöst, dass das Fleisch gegen den Geist aufbegehrt und wir schließlich tun, was wir nicht wollen:

> (Galater 5,16) Ich sage aber: **Wandelt im Geiste,** und ihr werdet die Lust des Fleisches nicht vollbringen.

> (Römer 8,1-4) Also ist jetzt keine Verdammnis für die, welche in Christo Jesu sind. Denn **das Gesetz des Geistes** des Lebens in Christo Jesu hat mich freigemacht von dem Gesetz der Sünde und des Todes. Denn das dem Gesetz Unmögliche, weil es durch das Fleisch kraftlos war, tat Gott, indem er, seinen eigenen Sohn in Gleichgestalt des Fleisches der Sünde und für die Sünde sendend, die Sünde im Fleische verurteilte, **auf dass das Recht des Gesetzes erfüllt würde in uns, die** nicht nach dem Fleische, sondern **nach dem Geiste wandeln.**

Die Ausrede, dass wir alle ja nur sündige und schwache Menschen seien, unfähig zu allem Guten, gilt unter den Voraussetzungen des Neuen Bundes nicht mehr. Das ist es, was den Neuen Bund um so viel besser macht als den Alten! Der Alte Bund war kraftlos, weil unser Fleisch ihn nicht erfüllen konnte; doch der Neue Bund wird erfüllt, wenn wir im Geist wandeln. Darum ist es eine so ernste Sache, wenn wir mutwillig sündigen und den Geist der Gnade schmähen (Heb 10,29).

Woran liegt es also, dass so viele Christen kraftlos scheinen, oder dass auch ich selbst so oft inkonsequente Entscheidungen getroffen habe? Am Unglauben, am Ungehorsam, an mangelnder Liebe Christus gegenüber – es scheitert nicht an der Kraft Gottes, nicht an der Gnade, nicht am Heiligen Geist. Wir müssen die Verantwortung für unser Scheitern anerkennen und bekennen, wenn wir aus diesem Teufelskreis herauskommen wollen. Dazu ist es notwendig, unsere Theologie zu überdenken. Die evangelikale Lehre vom Glauben „allein" produziert fast zwangsläufig Christen, die scheitern, weil sie alles menschliche Zutun kategorisch ausschließt. Das Geheimnis ist Gott „und" wir gemeinsam. 100% müssen von Gott kommen, und 100% von uns.

Wann haben wir zuletzt allen Fleiß aufgewandt in der Heiligung? Wann haben wir der Sünde zumindest annähernd bis aufs Blut widerstanden? Warum so selten? Wir haben die Verheißung des Sieges: Ergreifen wir sie doch!

Ich bitte euch aber, Brüder, ertraget das
Wort der Ermahnung; denn ich habe
euch auch mit kurzen Worten geschrieben.

(Hebräerbrief 13,22)

Schlusswort

Es steht mir nicht zu über die zitierten Brüder zu urteilen. Walvoord und Chafer sind um die Ehre Gottes von Herzen bemüht, William MacDonald hat leidenschaftliche Plädoyers für Jüngerschaft und Heiligung geschrieben. Philipp Yancey ist zu Recht von der Liebe und Gnade Gottes begeistert; seine Kritik an einem gesetzlichen Christentum ist durchaus berechtigt. Alle drei sind Diener meines Herrn, von denen ich viel lernen kann.

Doch die allen dreien zugrunde liegende Überzeugung vom Glauben „allein" steht all ihren Appellen zur Heiligung entgegen, stärkt das Fleisch, verunsichert uns Christen im geistlichen Kampf. Mehr noch, es ist eine überzogene und falsche Darstellung des Evangeliums, die unbedingt korrigiert werden muss. Der Gedanke, dass es viele sein werden, die Jesus als Herrn bekannt haben, aber dennoch verworfen werden, muss es uns als große Last auf das Herz legen, das Evangelium unverfälscht und mit Nachdruck zu lehren.

Wer Glaube „und" lehrt, ist theologisch gesehen kein Evangelikaler mehr, sondern dem Neuen Testament ein großes Stück näher gekommen. Weder der Herr Jesus noch Seine Apostel waren Evangelikale, die ersten Christen waren „einfach" Christen, Jünger, solche, die auf dem „Weg" waren. Wir kommen dadurch näher an die Wurzeln unseres kostbaren Glaubens, und je näher wir diesen Wurzeln kommen, desto näher kommen wir auch zueinander. Glaube „und" ist weder evangelikal noch katholisch, sondern „ursprünglich".

Anhang 1: Weitere Lieblingsverse

William MacDonald sowie Walvoord und Chafer berufen sich auf 150 Bibelstellen, die Glauben „allein" lehren. Im Buch „Grundlagen biblischer Lehre" werden einige davon aufgezählt:

> (Walvoord und Chafer, S 192) (lesen Sie **Joh 1,12;** 3,16.36; 5,24; **6,29; 20,31; Apg 16,31; Röm 1,16; 3,22; 4,5.**24; 5,1; 10,4; **Gal 3,22).** Die Errettung geschieht nur durch Christus, und die Menschen sind erlöst, wenn sie Christus als ihren Retter annehmen.

Ein paar davon haben wir bereits behandelt, die übrigen (im Zitat von mir fett hervorgehoben) möchte ich noch der Vollständigkeit wegen einzeln besprechen:

Johannes 1,12

> (Johannes 1,12-13) so viele ihn aber aufnahmen, denen gab er das Recht, Kinder Gottes zu werden, denen, die (beständig) an seinen Namen glauben, welche nicht aus Geblüt, noch aus dem Willen des Fleisches, noch aus dem Willen des Mannes, sondern aus Gott geboren sind.

Johannes gebraucht drei verschiedene Verben, um das Wesen der Errettung zu umreißen: Jesus aufnehmen (in der Vergangenheitsform), an Ihn (beständig) glauben, und aus Gott geboren sein (einmaliges Ereignis). All das hat das Ziel, dass wir Kinder Gottes werden.

Würde man jemanden auf der Straße diesen Text lesen lassen, würde er ihn wahrscheinlich nicht verstehen. Ein Beispiel:

> (Johannes 9,35-36) Jesus hörte, dass sie ihn hinausgeworfen hatten; und als er ihn fand, sprach er zu ihm: Glaubst du an den Sohn Gottes? Er antwortete und sprach: **Und wer ist es, Herr, auf dass ich an ihn glaube?**

Johannes 1,12-13 setzt mehr voraus, als diese wenigen Zeilen fassen könnten. Wir brauchen entweder, wie der Gesprächspartner des Herrn, eine persönliche Begegnung mit Jesus, oder zumindest hinreichende Informationen über Ihn.

Noch ein Beispiel:

> (Johannes 3,3-4) Jesus antwortete und sprach zu ihm: Wahrlich, wahrlich, ich sage dir: Es sei denn, dass jemand von neuem geboren werde, so kann

er das Reich Gottes nicht sehen. Nikodemus spricht zu ihm: **Wie kann ein Mensch geboren werden, wenn er alt ist?** Kann er etwa zum zweiten Male in den Leib seiner Mutter eingehen und geboren werden?

Auch dass man „aus Gott (oder von neuem) geboren" werden sollte, ist nicht verständlich, es sei denn, es wird erklärt. Kurz: Dieser Vers wirft Fragen auf, die näher erläutert werden müssen. Für sich selbst genommen erklärt er überhaupt nicht, wie man errettet wird; erst im Zusammenhang mit dem Gesamtzeugnis wird es deutlich. Zu diesem Gesamtzeugnis gehört auch alles, was über „Glaube und …" gesagt wird.

Johannes 6,29

(Johannes 6,28-29) Da sprachen sie zu ihm: Was sollen wir tun, auf dass wir die Werke Gottes wirken? Jesus antwortete und sprach zu ihnen: Dies ist das Werk Gottes, dass ihr an den glaubet, den er gesandt hat.

Die Frage der Menschen hat eine Vorgeschichte: Der Herr Jesus hat die Menschen durch eine wunderbare Brotvermehrung satt gemacht, worauf Er ihnen klarmachen wollte, worauf es eigentlich ankommt:

(Johannes 6,26-27) Jesus antwortete ihnen und sprach: Wahrlich, wahrlich, ich sage euch: Ihr suchet mich, nicht weil ihr Zeichen gesehen, sondern weil ihr von den Broten gegessen habt und gesättigt worden seid. Wirket nicht für die Speise, die vergeht, sondern für die Speise, die da bleibt ins ewige Leben, welche der Sohn des Menschen euch geben wird; denn diesen hat der Vater, Gott, versiegelt.

Die Menschen sollen für eine unvergängliche Speise „wirken", die ins ewige Leben hinein führt. Das ist einmal interessant. Das Wort „wirken" bedeutet „arbeiten" und steht im Imperativ Präsens, meint also ein beständiges Arbeiten. Die Aufforderung richtet sich an die Menschen.

Die Menschen verstehen nicht ganz und wollen wissen, was genau sie (beständig) tun sollen, um die Werke Gottes zu tun. Warum reden sie nun von den werken Gottes? Weil alles menschlich Tun, jede Arbeit, die sie kennen und ausführen können, im Endlichen stecken bleibt. Wie können sie etwas Ewiges bewirken, das wäre doch ein Werk Gottes! Nochmals: Die Zuhörer Jesu bringen die Werke Gottes ins Spiel, während Jesus von etwas sprach, das sie selbst tun sollten.

Der Herr Jesus antwortet, dass Gottes Werk darin besteht, dass Menschen an ihn gläubig werden (sich bekehren – hier steht ein Konjunktiv Aorist, der eine einmalige Handlung beschreibt). Er gibt hier einen Hinweis darauf, wie es beginnt, nicht aber, wie es vollendet wird. Wenn man fragt, was Gottes Werk ist, dann besteht es darin, dass Gott die Voraussetzungen dafür schafft, dass wir unsere notwendigen Werke tun können.

Liest man Johannes 6,29 zusammen mit Vers 27, dann ergibt sich ein Zusammenspiel aus (gottgewirktem) Glauben und unserer „Arbeit", also Glaube „und" Werke.

Johannes 20,31

> (Johannes 20,31) Diese aber sind geschrieben, auf dass ihr glaubet (zum Glauben kommt), dass Jesus der Christus ist, der Sohn Gottes, und auf dass ihr (beständig) glaubend Leben habet in seinem Namen.

Johannes verweist hier auf sein ganzes Evangelium. Was es bedeutet, zu glauben und ewiges Leben zu haben, erschließt sich nicht allein durch diesen Vers. Dieser Vers beschreibt nur, warum das ganze Buch geschrieben wurde. Die Aussage, dass wir durch den Glauben an Jesus ewiges Leben haben, stimmt natürlich; aber sie ist wie eine Überschrift, die alleine unzureichend ist.

Die Zeitform vom ersten „glauben" beschreibt die Bekehrung (Aorist), während das zweite glauben(d) im Partizip Präsens steht, also den andauernden Glauben meint. Das Wort dient also dazu, uns grundlegend davon zu überzeugen, dass Jesus der Sohn Gottes ist (erstes glauben = Bekehrung), damit wir durch einen anhaltenden Glauben (zweites glauben = Glaubensleben, „Glaube und ...") das ewige Leben haben.

Weil die grammatischen Details in einer Übersetzung nicht immer gut wiedergegeben werden können, ist der Verweis auf einzelne (unzureichend übersetzbare oder übersetzte) Verse irreführend. Die Antwort auf die Frage, wie man errettet wird, ergibt sich aus der Zusammenschau aller relevanten Texte, nicht nur einzelner Verse. Ein genauer Blick auf die Verse, der allerdings nicht jedem zugänglich ist, lässt die Glauben „allein" Lehre jedoch ebenso scheitern.

Apostelgeschichte 16,31

> (Apostelgeschichte 16,30-31) Und er führte sie heraus und sprach: Ihr Herren, was muss ich tun, auf dass ich errettet werde? Sie aber sprachen: Glaube an den Herrn Jesus, und du wirst errettet werden, du und dein Haus.

Der Kerkermeister in Philippi war erschüttert, weil das Gefängnis, für das er mit seinem eigenen Leben verantwortlich war, plötzlich offen stand. Doch Paulus beruhigte ihn mit den Worten, dass noch alle Gefangenen da seien. Ob der

Kerkermeister mit seiner Frage tatsächlich sein Seelenheil im Sinn hatte? Oder ob es ihm nur darum ging, wie er mit heiler Haut davon kommen könnte?

Jedenfalls ergriff Paulus die Gelegenheit, das Gespräch auf den Herrn zu lenken. Eines kann mit 100%iger Sicherheit ausgeschlossen werden: Dass der Kerkermeister verstand, was Paulus mit dieser Aussage meinte. Dieses „Glaube an den Herrn Jesus" ist nicht mehr als ein Gesprächseinstieg, der ohne die folgende Unterweisung keine Frucht gebracht hätte:

(Apostelgeschichte 16,32-33) Und sie redeten das Wort des Herrn zu ihm samt allen, die in seinem Hause waren. Und er nahm sie in jener Stunde der Nacht zu sich und wusch ihnen die Striemen ab; und er wurde getauft, er und alle die Seinigen alsbald.

Paulus und sein Begleiter Silas redeten nun das Wort des Herrn zum Kerkermeister und seiner Familie, was weit mehr ist als ein kleiner Vers ausdrücken könnte. Der Kerkermeister tat darauf etwas, das wohl eher ungewöhnlich war: Er leistete eine Art Wiedergutmachung für die Misshandlung, die dem Apostel und seinem Mitarbeiter in seinem Gefängnis widerfahren ist. Das ist ein Zeichen der aufrichtigen Buße, oder auch ein Zeichen der Liebe. Dann wurde er ganz selbstverständlich getauft, worauf es anschließend heißt:

(Apostelgeschichte 16,34) Und er führte sie hinauf in sein Haus, setzte ihnen einen Tisch vor und frohlockte, an Gott gläubig geworden, mit seinem ganzen Hause.

Man kann an diesem Text sehr schön sehen, was den Bekehrungsprozess ausmacht: Es beginnt mit einer Sorge um das eigene Heil, das Wort wird dargelegt, es kommt zur Umkehr und (wo möglich) Wiedergutmachung und dann wird der Suchende getauft. Erst mit der Taufe ist der Bekehrungsprozess abgeschlossen und man kann sagen, jemand sei zum Glauben an den Herrn Jesus gekommen.

In Apg 16,31 verbindet nun Paulus die Bekehrung (glauben ist dort im Imperativ Aorist) direkt mit der Errettung. Das ist ganz OK im Sinne des ersten Schrittes. Doch selbst dieser erste Schritt umfasst mehr als „nur" glauben.

Römer 1,16 (und Gal 3,11)

(Römer 1,16-17) Denn ich schäme mich des Evangeliums nicht, denn es ist Gottes Kraft zum Heil jedem Glaubenden, sowohl dem Juden zuerst als auch dem Griechen. Denn Gottes Gerechtigkeit wird darin geoffenbart aus

Glauben zu Glauben, wie geschrieben steht: "Der Gerechte aber wird aus Glauben leben".

Dieser Vers ist in dieser Diskussion relativ ungeeignet, weil Paulus hier verschiedene Themen in zwei Sätzen zusammenfasst, die zu entfalten er mehrere Kapitel in diesem Brief benötigt.

Da ist die Rede vom Zugang der Heiden zum Glauben, aber auch vom Vorrang der Juden. Beide kommen durch dasselbe Evangelium zum Heil. Dann ist die Rede von „Gottes Gerechtigkeit", die auch näher erklärt werden müsste.

Die Verheißung aus Habakuk, die Paulus zitiert, verdient etwas nähere Betrachtung, denn sie ist ein Schlüsselvers, den er auch an anderer Stelle zitiert:

(Galater 3,11) Dass aber durch Gesetz niemand vor Gott gerechtfertigt wird, ist offenbar, denn "der Gerechte wird aus Glauben leben".

Paulus zitiert den Text aus dem Alten Bund, der ein Beweis dafür ist, dass man auch im Alten Bund nicht durch das Halten des Gesetzes das Leben erhielt, sondern durch den Glauben. Dennoch ist das Thema der persönlichen Gerechtigkeit wichtig. Der Prophet Hosea beschreibt einen Gerechten mit folgenden Worten:

(Hosea 14,9) Wer weise ist, der wird dieses verstehen; wer verständig ist, der wird es erkennen. Denn die Wege Jahwes sind gerade, und die Gerechten werden darauf wandeln; die Abtrünnigen aber werden darauf fallen.

Gerechtigkeit ist immer praktisch zu verstehen, aber es genügt nicht, allein Werke ohne Glauben zu bringen. Auch die Gerechte des Alten Bundes – und es gab Leute, die Gott als gerecht bezeichnete, als untadelig im Gesetz (vgl Lk 1,6)! – wurden durch den Glauben gerettet, aber eben nicht durch Glauben allein. Paulus schreibt mit derselben Schärfe, dass Ungerechte das Reich Gottes nicht erben werden (1. Kor 6,9). Der Gerechte wird aus Glauben leben, nicht der Ungerechte.

Paulus verbindet nun aber die bezeugte menschliche Gerechtigkeit mit der Gerechtigkeit Gottes. Indem die nächsten „Lieblingsverse" damit zu tun haben, gehen wir diese der Reihe nach durch:

Römer 3,22

(Römer 3,20-26) Darum, aus Gesetzeswerken wird kein Fleisch vor ihm gerechtfertigt werden; denn durch Gesetz kommt Erkenntnis der Sünde.

Jetzt aber ist, ohne Gesetz, Gottes Gerechtigkeit geoffenbart worden, bezeugt durch das Gesetz und die Propheten: **Gottes Gerechtigkeit aber durch Glauben an Jesum Christum gegen alle und auf alle, die da glauben.** Denn es ist kein Unterschied, denn alle haben gesündigt und erreichen nicht die Herrlichkeit Gottes, und werden umsonst gerechtfertigt durch seine Gnade, durch die Erlösung, die in Christo Jesu ist; welchen Gott dargestellt hat zu einem Gnadenstuhl durch den Glauben an sein Blut, zur Erweisung seiner Gerechtigkeit **wegen des Hingehenlassens der vorher geschehenen Sünden** unter der Nachsicht Gottes; zur Erweisung seiner Gerechtigkeit in der jetzigen Zeit, dass er gerecht sei und den rechtfertige, der des Glaubens an Jesum ist.

Das Gesetz selbst bezeugt, dass allein durch die Werke des Gesetzes ein Mensch nicht gerecht werden kann. Warum? Weil niemand das Gesetz vollkommen hält. Auch jene, die das Alte Testament als „gerecht" bezeichnet, waren nicht in dem Sinne gerecht, dass sie das Gesetz vollständig erfüllt hätten – von wenigen Ausnahmen abgesehen. Doch selbst da ist es nicht das äußere Halten des Gesetzes, das die Menschen gerecht machte, sondern der Glaube.

Der große Streitpunkt der frühen Christen im Zusammenhang mit den Heidenchristen lässt sich in folgendem Vers zusammenfassen:

(Apostelgeschichte 15,1+5)   Und etliche kamen von Judäa herab und lehrten die Brüder: Wenn ihr nicht beschnitten worden seid nach der Weise Moses', **so könnt ihr nicht errettet werden.** ... Etliche aber derer von der Sekte der Pharisäer, welche glaubten, traten auf und sagten: **Man muss sie beschneiden und ihnen gebieten, das Gesetz Moses' zu halten.**

Wenn man diesen Hintergrund nicht mitberücksichtigt, versteht man den Römerbrief nicht. Paulus setzt sich radikal dafür ein, dass von den Heidenchristen nicht verlangt wird, sich beschneiden zu lassen und das ganze Gesetz zu halten, wie das die Judenchristen (zumindest in Jerusalem – vgl Apg 21,20-21!) zu der Zeit noch immer taten.

Darum macht Paulus klar, dass durch das Halten des Gesetzes Kein Mensch vor Gott gerecht wird. Die Gerechtigkeit, die Gott sucht, kommt erst durch Christus! Durch das Evangelium, die Vergebung der Sünde und die neue Geburt! Warum nennt Paulus das Evangelium in Römer 1,16 eine Kraft Gottes? Weil wir durch den Heiligen Geist befähigt werden, ein gottgefälliges, gerechtes Leben zu führen. Indem Sinne ist es eine Kraft zum Heil, als dass wir in Seiner Kraft so leben können, dass wir Seinen Willen erfüllen und im Gericht bestehen können. Prinzipiell lehrt Paulus nämlich auch im Römerbrief die Bedeutung der Werke für das Heil:

(Römer 2,6-10) welcher einem jeden vergelten wird nach seinen Werken: denen, **die mit Ausharren in gutem Werke Herrlichkeit und Ehre und Unverweslichkeit suchen, ewiges Leben;** denen aber, die streitsüchtig und der Wahrheit ungehorsam sind, der Ungerechtigkeit aber gehorsam, Zorn und Grimm. Drangsal und Angst über jede Seele eines Menschen, der das Böse vollbringt, sowohl des Juden zuerst als auch des Griechen; **Herrlichkeit aber und Ehre und Frieden jedem, der das Gute wirkt,** sowohl dem Juden zuerst als auch dem Griechen;

Das geht aber nicht aus eigener Kraft. Hier aber ist die Bedeutung vom Evangelium als Kraft Gottes zum Heil erst richtig verständlich: Gott befähigt uns zu einem gerechten Leben durch den Glauben an Jesus Christus, die neue Geburt, den Heiligen Geist. Zurück zum Text aus Römer 3,26:

(Römer 3,26) zur Erweisung seiner Gerechtigkeit in der jetzigen Zeit, dass er gerecht sei und den rechtfertige, der des Glaubens an Jesum ist.

Der Begriff der Rechtfertigung ist in der evangelikalen Theologie überaus zentral, obwohl er streng genommen fast ausschließlich bei Paulus vorkommt. Aber auch der Herr Jesus gebraucht ihn in einem Gleichnis, das den Gedankengang vom Paulus schön unterstreicht:

(Lukas 18,10-12) Zwei Menschen gingen hinauf in den Tempel, um zu beten, der eine ein Pharisäer und der andere ein Zöllner. Der Pharisäer stand und betete bei sich selbst also: O Gott, ich danke dir, dass ich nicht bin wie die übrigen der Menschen, Räuber, Ungerechte, Ehebrecher, oder auch wie dieser Zöllner. Ich faste zweimal in der Woche, ich verzehnte alles, was ich erwerbe. Und der Zöllner, von ferne stehend, wollte sogar die Augen nicht aufheben gen Himmel, sondern schlug an seine Brust und sprach: O Gott, sei mir, dem Sünder, gnädig! Ich sage euch: **Dieser ging gerechtfertigt hinab in sein Haus** vor jenem; denn jeder, der sich selbst erhöht, wird erniedrigt werden; wer aber sich selbst erniedrigt, wird erhöht werden.

Der Sünder, der sein Vergehen bekennt, wird von Gott gerechtfertigt. Gott vergibt gerne und frei. Bedeutet das, dass der gerechtfertigte Zöllner nun weiter so leben durfte, wie bisher? Natürlich nicht! Somit ist die Rechtfertigung, von der Paulus in diesen Versen spricht, nur der erste Schritt der Errettung. Die Folge der Rechtfertigung soll sein, dass wir in der Praxis Gerechte werden. Solche Gerechten werden aus Glauben leben; wer glaubt, aber in der Praxis ein Ungerechter ist, wird das Reich Gottes nicht ererben.

Römer 4,5 und 24

(Römer 4,3-5) Denn was sagt die Schrift? "Abraham aber glaubte Gott, und es wurde ihm zur Gerechtigkeit gerechnet." Dem aber, der wirkt, wird der Lohn nicht nach Gnade zugerechnet, sondern nach Schuldigkeit. **Dem aber, der nicht wirkt, sondern an den glaubt, der den Gottlosen rechtfertigt, wird sein Glaube zur Gerechtigkeit gerechnet.**

(Römer 4,19-25) Und nicht schwach im Glauben, sah er nicht seinen eigenen, schon erstorbenen Leib an, da er fast hundert Jahre alt war, und das Absterben des Mutterleibes der Sara, und **zweifelte nicht an der Verheißung Gottes durch Unglauben,** sondern wurde gestärkt im Glauben, Gott die Ehre gebend, und war der vollen Gewissheit, dass er, was er verheißen habe, auch zu tun vermöge. Darum ist es ihm auch zur Gerechtigkeit gerechnet worden. Es ist aber nicht allein seinetwegen geschrieben, dass es ihm zugerechnet worden, **sondern auch unsertwegen, denen es zugerechnet werden soll, die wir an den glauben, der Jesum, unseren Herrn, aus den Toten auferweckt hat,** welcher unserer Übertretungen wegen dahingegeben und unserer Rechtfertigung wegen auferweckt worden ist.

Wer Römer 4,5 als Belegstelle ohne den Zusammenhang zitiert, liest in etwa folgendes: „Wer keine guten Werke bringt, wird trotzdem errettet, weil er an Jesus glaubt." Nur das ist überhaupt nicht die Aussage! Es geht um die Werke des mosaischen Gesetzes, die die Heiden nicht erbringen, weil sie es gar nicht kennen! Paulus nennt deshalb Abraham als ein Beispiel: Ihm wurde der Glaube als Gerechtigkeit angerechnet. Das Hauptargument von Paulus finden wir in Vers 9-10:

(Römer 4,9-10) Diese Glückseligkeit nun, ruht sie auf der Beschneidung, oder auch auf der Vorhaut? Denn wir sagen, dass der Glaube dem Abraham zur Gerechtigkeit gerechnet worden ist. **Wie wurde er ihm denn zugerechnet? Als er in der Beschneidung oder in der Vorhaut war?** Nicht in der Beschneidung, sondern in der Vorhaut.

Paulus verwendet Abraham als Beispiel dafür, dass man auch ohne den mosaischen Gesetz (sinnbildlich in der Beschneidung genannt) durch Glauben von Gott gerechtfertigt wird. Ich erinnere daran, dass es für viele eifrige Judenchristen schwer zu verstehen war, dass jemand ohne Beschneidung in den Bund einen Gott treten kann. Doch die Beschneidung im Fleisch war nur ein Symbol für die notwendige Beschneidung des Herzens.

Wie war aber der Glaube Abrahams beschaffen? Er glaubte, dass Gott ihm einen Sohn schenken werde, obwohl Sara und er schon zu alt dafür waren. Wurde die

Verheißung allein durch Glauben, ohne eigenes Zutun, erfüllt? Natürlich nicht! Abraham und Sara mussten jeweils ihren biologisch notwendigen Teil beisteuern.

Abrahams Glaube war immer ein tätiger Glaube, aber er tat keine Gesetzeswerke, weil das Gesetz erst später kam. Das erste „Werk" in diesem Sinn ist die Beschneidung, und auch dieses tat er ohne Widerrede. Sein Glaube ließ ihn sogar so weit Gott gehorsam werden, dass er bereit war, seinen Sohn zu opfern. Das ist die Art von Glauben, die rechtfertigt. Dieser Glaube ist in Wirklichkeit so tätig, dass Jakobus aus demselben Vers genau den anderen Aspekt hervorheben konnte:

(Jakobus 2,21-24) **Ist nicht Abraham, unser Vater, aus Werken gerechtfertigt worden,** da er Isaak, seinen Sohn, auf dem Altar opferte? Du siehst, dass der Glaube zu seinen Werken mitwirkte, und dass der Glaube durch die Werke vollendet wurde. Und die Schrift ward erfüllt, welche sagt: **"Abraham aber glaubte Gott, und es wurde ihm zur Gerechtigkeit gerechnet",** und er wurde Freund Gottes genannt. Ihr sehet also, dass ein Mensch aus Werken gerechtfertigt wird und nicht aus Glauben allein.

Jakobus passt nur dann zu Paulus, wenn wir in Wirklichkeit aus Glauben und Werken gerechtfertigt werden. Für Martin Luther war der Jakobusbrief jedoch ein Problem, weshalb man in den Lutherbibeln diesen Brief weiter hinten findet als in allen anderen. Auch für die meisten Evangelikalen sind die Aussagen des Jakobus ein Problem. Aber das Problem besteht nicht innerhalb der Schrift, sondern es ist das Problem eines falschen Glaubensverständnisses. Wir werden eben nicht aus Glauben allein gerechtfertigt.

Wir werden aus Glauben gerechtfertigt, ohne die mosaischen Vorschriften erfüllen zu müssen. Aber so wie aus Glauben allein keine Kinder entstehen, sondern nur, indem ein Mann bei seiner Frau eingeht und aktiv etwas tut, so erlangen wir auch das Heil nicht allein aus Glauben, sondern aus Glaube und Werken in Liebe zu Gott und den Nächsten.

Galater 3,22

(Galater 3,22) Die Schrift aber hat alles unter die Sünde eingeschlossen, auf dass die Verheißung aus Glauben an Jesum Christum denen gegeben würde, die da (beständig) glauben.

Die Verheißung ist hier im Konjunktiv an den beständigen Glauben gebunden. Das Thema im Galaterbrief ist dasselbe wie im Römerbrief: Müssen Heidenchristen beschnitten werden, um errettet werden zu können? Wir können uns die Dringlichkeit dieser Frage heute kaum vorstellen. Die Gemeinde damals hatte hauptsächlich das Alte Testament als Heilige Schrift, und sie studierten es eifrig. Doch die Schriften den Alten Bundes im Licht des Neuen zu lesen, ist für viele neu und ungewohnt. Wie auch im Römerbrief, so leitet Paulus auch im Galaterbrief das Glaubensprinzip aus dem Alten Bund ab (Gal 3,11). Das Gesetz hatte einen vorläufigen Charakter und wurde obendrein erst nach dem Bund Gottes mit Abraham eingeführt:

(Galater 3,17) Dieses aber sage ich: Einen vorher von Gott bestätigten Bund macht das vierhundertdreißig Jahre danach entstandene Gesetz nicht ungültig, um die Verheißung aufzuheben.

Der Bund wurde auch vor der Beschneidung Abrahams geschlossen, ist also demnach älter als der Gesetzesbund Israels.

Paulus sagt in Gal 3,22, dass wir nun – wie Abraham! – aus Glauben gerettet werden, doch in demselben Brief macht Paulus auch klar, dass dieser Glaube nicht ohne die Werke zu sehen ist:

(Galater 5,6) Denn in Christo Jesu vermag weder Beschneidung noch Vorhaut etwas, sondern der Glaube, der durch die Liebe wirkt.

Ergebnis

Ich bin nun im Lauf der Arbeit auf alle Verse eingegangen, die explizit als Beispiele für die in Summe 150 Stellen gelten, die angeblich lehren, man würde aus Glaube allein gerettet. Die eine Gruppe von Versen spricht von der Bekehrung. Die zweite Gruppe spricht hingegen von einem anhaltenden Glauben. Zwei fatale Trugschlüsse durchziehen sämtliche evangelikalen Auslegungen:

Die Verse über die Bekehrung werden dahingehend missverstanden, dass man dieses punktuelle Ereignis in der Biografie eines Menschen absolut setzt. Wer sich einmal bekehrt hat, ist für immer errettet. Diesen Irrtum nenne ich „Heilspunktualismus".

Die Verse, die von einem anhaltenden Glauben sprechen, werden (zweiter Trugschluss) konsequent im Licht des Heilspunktualismus verstanden: Der andauernde Glaube (Zeitform Präsens) wird durchgehend mit der Bekehrung (Glauben im Aorist) gleichgesetzt, womit die Grammatik der Verse verfälscht wird.

Erschwerend kommt hinzu, dass oft im direkten Umfeld dieser Verse davon die Rede ist, dass unsere Werke den Ausschlag geben im Gericht. Indem ich selbst all diese Verse so zu lesen gelehrt wurde und fast zwei Jahrzehnte lang dann auch nichts anderes in der Schrift sehen konnte, möchte ich die zitierten Brüder dafür nicht verurteilen. Es ist Gnade, wenn man das Evangelium tiefer verstehen darf. Andererseits sind sie Lehrer und wollen das auch sein, so wie ich das Wort Gottes in unserer Gemeinde lehre. Uns muss bewusst sein, dass Gott uns strenger beurteilen wird, denn wie wir das Wort Gottes lehren, hat einen direkten Einfluss darauf, wie wir und unsere Zuhörer das Wort Gottes leben werden. Wir werden Rechenschaft geben müssen für ihre Seelen (Heb 13,17). Allein deshalb sollten wir in der Schriftauslegung kein Risiko eingehen und uns ganz eng am Wortlaut orientieren, auch wenn das bedeutet, dass wir überkommene Lehrgebäude korrigieren oder gar abreißen müssen. Das evangelikale Dogma Glauben „allein" ist für den Abbruch bestimmt.

Anhang 2: Worauf es im Gericht ankommt

Wenn der Herr Jesus sagt, wir sollen „alles" bewahren (= allem gehorchen), was Er uns geboten hat (Mt 28,20), dann können wir daran gehen, eine Liste mit allen Geboten zu machen, die Er uns gegeben hat. Nur, das hat Er selbst nicht getan. Auch die Apostel haben uns kein Gesetzbuch, fein säuberlich unterteilt nach Themen und Paragraphen, hinterlassen. Es gibt ein paar Grundsätze, aber keine erschöpfende Darlegung sämtlicher Gebote.

Die Bergpredigt ist eine solche Grundsatzrede (Mt 5-7), und es ist sehr deutlich, dass der Herr diese gehalten hat, damit wir genau das tun, was Er dort gesagt hatte. Doch in Summe geht es mehr um eine Gesinnung, als um einzelne Gebote. Das hat zur Folge, dass man auch dann errettet wird, wenn man nicht alle Gebote gehalten hat; denn zu lernen, alle Gebote zu halten, ist ein Prozess, der bei dem einen schneller und bei dem anderen langsamer abläuft.

Worauf es ankommt, lässt sich meines Erachtens in zwei Kategorien teilen, die man auf zwei Arten ausdrücken kann. Die erste und bekannteste Form ist das Doppelgebot der Liebe, das sowohl für den Alten als auch für den Neuen Bund gilt:

> (Matthäus 22,37-40) Er aber sprach zu ihm: "Du sollst den Herrn, deinen Gott, lieben mit deinem ganzen Herzen und mit deiner ganzen Seele und mit deinem ganzen Verstande". Dieses ist das große und erste Gebot. Das zweite aber, ihm gleiche, ist: "Du sollst deinen Nächsten lieben wie dich selbst". An diesen zwei Geboten hängt das ganze Gesetz und die Propheten.

Dieses Doppelgebot wird noch durch das „Neue Gebot" erweitert, das die Liebe der Glaubensgeschwister untereinander beschreibt:

> (Johannes 13,34-35) Ein neues Gebot gebe ich euch, dass ihr einander liebet, auf dass, gleichwie ich euch geliebt habe, auch ihr einander liebet. Daran werden alle erkennen, dass ihr meine Jünger seid, wenn ihr Liebe untereinander habt.

Eine andere Art, das Doppelgebot in Worte zu fassen, finden wir im Jakobusbrief:

> (Jakobus 1,27) Ein reiner und unbefleckter Gottesdienst vor Gott und dem Vater ist dieser: Waisen und Witwen in ihrer Drangsal besuchen, sich selbst von der Welt unbefleckt erhalten.

Gott zu lieben hat als Kehrseite die Absonderung von der Welt, den Nächsten zu lieben ist wiederum sehr praktisch, und Jakobus nennt beispielhaft die Fürsorge für Witwen und Waisen, oder allgemeiner: Die Hilfe für Bedürftige.

Betrachten wir die große Gerichtsrede am Ende des Matthäusevangeliums, so sehen wir, dass dort dieser Aspekt des Armendienstes im Zentrum steht:

(Matthäus 25,34-40)   Dann wird der König zu denen zu seiner Rechten sagen: Kommet her, Gesegnete meines Vaters, ererbet das Reich, das euch bereitet ist von Grundlegung der Welt an; denn mich hungerte, und ihr gabet mir zu essen; mich dürstete, und ihr tränktet mich; ich war Fremdling, und ihr nahmet mich auf; nackt, und ihr bekleidetet mich; ich war krank, und ihr besuchtet mich; ich war im Gefängnis, und ihr kamet zu mir. Alsdann werden die Gerechten ihm antworten und sagen: Herr, wann sahen wir dich hungrig und speisten dich? Oder durstig und tränkten dich? Wann aber sahen wir dich als Fremdling, und nahmen dich auf? Oder nackt und bekleideten dich? Wann aber sahen wir dich krank oder im Gefängnis und kamen zu dir? Und der König wird antworten und zu ihnen sagen: Wahrlich, ich sage euch, insofern ihr es einem der geringsten dieser meiner Brüder getan habt, habt ihr es mir getan.

Der König sucht nicht nach der rechten theologischen Erkenntnis, ob man etwa die Dreieinigkeit verstanden hätte, oder auch ob man die richtige Heilslehre vertreten hätte. Er teilt die Schafe und Böcke nicht nach Protestanten oder Katholiken, Calvinisten oder Arminianern, Gemeinde Christi oder Denominationen, sondern nach der Tat gewordenen Liebe den Bedürftigen gegenüber.

An der überraschten Frage der Schafe erkennen wir auch, dass diese Liebe nicht berechnend ist. Sie halfen den Armen nicht, weil sie dadurch meinten, sich vor Gott etwas zu verdienen, sondern, weil die Liebe Gottes in ihnen wirksam wurde, die ohne Berechnung und Gegenleistung gibt.

Die Gefahr, dass man beim Zählen und Sammeln der Gebote Gottes genau diesen Aspekt aus den Augen verliert, wird deutlich an den Gerichtsworten des Herrn über die Pharisäer und Schriftgelehrten:

(Matthäus 23,23)   wehe euch, Schriftgelehrte und Pharisäer, Heuchler! Denn ihr verzehntet die Krausemünze und den Anis und den Kümmel, und habt **die wichtigeren Dinge des Gesetzes** beiseite gelassen: **das Gericht und die Barmherzigkeit und den Glauben;** diese hättet ihr tun und jene nicht lassen sollen.

Dieses Wort richtet sich an die Theologen jener Zeit, die sich sehr darum bemühten, Gott gefällig zu leben, aber dieses Ziel völlig aus den Augen verloren, weil sie das Endziel der Gebote nicht begriffen:

(1. Timotheus 1,5-7) Das Endziel des Gebotes aber ist: Liebe aus reinem Herzen und gutem Gewissen und ungeheucheltem Glauben, wovon etliche abgeirrt sind und sich zu eitlem Geschwätz gewandt haben; die Gesetzlehrer sein wollen und nicht verstehen, weder was sie sagen, noch was sie fest behaupten.

In der Christenheit besteht diese Gefahr ebenso. Darum nochmals: Es geht nicht um eine Liste von Geboten, sondern um eine Gesinnung der Liebe zu Gott und den Nächsten, deren praktischer Ausdruck zwei Seiten hat: Der Dienst an den Armen und die Absonderung von der Welt.

Wer in seinem Leben noch nie Almosen gegeben hat, aber die Dreieinigkeit vorwärts und rückwärts auf Griechisch buchstabieren kann, wird nicht in das Reich der Himmel kommen. Die Hilfe für Bedürftige muss zu einer Grundhaltung im Leben eines Christen werden, und sie wird es, wenn wir uns von der Liebe Gottes leiten lassen.

Andererseits müssen wir uns auch von der Welt absondern und ein heiliges Leben führen:

(2. Korinther 6,14-18) Seid nicht in einem ungleichen Joche mit Ungläubigen. Denn welche Genossenschaft hat Gerechtigkeit und Gesetzlosigkeit? Oder welche Gemeinschaft Licht mit Finsternis? und welche Übereinstimmung Christus mit Belial? Oder welches Teil ein Gläubiger mit einem Ungläubigen? Und welchen Zusammenhang der Tempel Gottes mit Götzenbildern? Denn ihr seid der Tempel des lebendigen Gottes, wie Gott gesagt hat: "Ich will unter ihnen wohnen und wandeln, und ich werde ihr Gott sein, und sie werden mein Volk sein". Darum gehet aus ihrer Mitte aus und sondert euch ab, spricht der Herr, und rühret Unreines nicht an, und ich werde euch aufnehmen; und ich werde euch zum Vater sein, und ihr werdet mir zu Söhnen und Töchtern sein, spricht der Herr, der Allmächtige.

(Jakobus 4,4) Ihr Ehebrecherinnen, wisset ihr nicht, dass die Freundschaft der Welt Feindschaft wider Gott ist? Wer nun irgend ein Freund der Welt sein will, stellt sich als Feind Gottes dar.

(1. Johannes 2,15-17) Liebet nicht die Welt, noch was in der Welt ist. Wenn jemand die Welt liebt, so ist die Liebe des Vaters nicht in ihm; denn alles, was in der Welt ist, die Lust des Fleisches und die Lust der Augen

und der Hochmut des Lebens, ist nicht von dem Vater, sondern ist von der Welt. Und die Welt vergeht und ihre Lust; wer aber den Willen Gottes tut, bleibt in Ewigkeit.

Ich habe absichtlich drei Zeugen zitiert, um die Notwendigkeit der Absonderung zu unterstreichen. Auch hier geht es weniger um eine Liste davon, was erlaubt ist, und was verboten ist, sondern um eine Gesinnung. Wir sollen uns in dieser Welt als Fremde betrachten, als nicht mehr zugehörig zu diesem System der Dinge, sondern als Bürger des Reiches Gottes.

Dazu gehören Aspekte der Bergpredigt, wie die Feindesliebe. Christen können in irdischen Konflikten keine Partei mehr ergreifen und zur Waffe greifen. Das wäre völlig konträr zum Wesen des Reiches Gottes, das ein Friedensreich ist, dessen Boten wir in dieser Welt sind. Dieses Beispiel zeigt aber auch ein Problem auf: Vielen Christen ist dieses Gebot nie beigebracht worden! Im Gegenteil werden sie ermuntert im Sinne des Obrigkeitsgehorsams (Röm 13), dem „Ruf zur Fahne" ohne wenn und aber zu folgen. Werden sie deshalb verdammt? Ich denke nicht, denn es geht nicht um eine Liste von Ge- und Verboten, sondern um eine Gesinnung. Wenn jemand dieses Gebot nicht verstanden hat, aber ansonsten ein abgesondertes Leben führt und den Armen gerne hilft, dann passt die Gesinnung.

Wenn aber jemand gegen seine biblische Erkenntnis oder die Lehre seiner Gemeinde Soldat wird, sieht die Sache anders aus. Er müsste davon umkehren, wie von jeder anderen Sünde. Ein Bibellehrer, der den Dienst mit der Waffe gut heißt, wird sicher auch strenger beurteilt werden (Jak 3,1), doch auch hier geht die Gesinnung vor der Erkenntnis.

Dasselbe gilt für viele Streitfragen unter ernsten Christen, wie beispielsweise der Musik im Gottesdienst, der Kopfbedeckung für Frauen, dem Fernsehen, dem Grad des Luxus, der für ein christliches Leben noch zulässig ist, und dergleichen mehr. Es geht um die Gesinnung. In früheren Generationen hat man Listen aufgestellt, was als weltlich einzustufen sei: Tanz, Kartenspiel, Wirtshausbesuche standen da recht weit oben auf der Liste. Mit der richtigen Gesinnung kommen wir vielleicht sogar zu ähnlichen Anwendungen, aber die Haltung ist eine völlig andere; und in manchen Bereichen bleiben die Anwendungen flexibel, der Situation angepasst.

Zu einigen der genannten Beispiele gibt es klare Gebote, zu anderen Beispiele, die wir ernst nehmen sollen; manches ist nur mehr oder weniger gut begründete christliche Tradition. Der Herr sagt, wir sollen „allem" gehorchen, was Er geboten hat. Im Philipperbrief wird zu diesem Gehorsam „allem" gegenüber die Gesinnung beschrieben:

(Philipper 2,14) Tut alles ohne Murren und zweifelnde Überlegungen,

Die Grundhaltung ist eine grundsätzliche Bereitschaft im Glauben, Gottes Willen gerne zu tun. Manches werden wir in unserer Gemeinde vielleicht nie gelehrt bekommen, manches sehen wir durch die Brille einer Auslegung, die die Anwendung relativiert. Es geht nicht um Erkenntnis, sondern um die Gesinnung. Unsere Haltung soll sein, alles gerne zu tun, was der Herr uns in seinem Wort sagt. Die oft schon reflexartige Reaktion: „Das zu tun wäre ja gesetzlich!" müssen wir uns daher gründlich abgewöhnen.

All das hat aber damit zu tun, lernbereit zu bleiben. Manche Tradition wird sich als menschlich erweisen und kann (in Liebe und rücksichtsvoll) abgeschafft werden. Andererseits werden wir hinter vermeintlichen Traditionen oft auch ein Gebot des Herrn erkennen, das wir bisher übersehen haben. Ein wahrer Jünger Christi freut sich über das Wort Gottes wie einer, der einen großen Schatz entdecken darf. Er freut sich, wenn er eine neue Anwendung entdecken darf, ein neues Gebot verwirklichen kann. Es geht dabei nicht um einen gesetzlichen Perfektionismus, sondern um die Liebe zu Gott und den Nächsten, und um die Absonderung von einem weltlichen Lebensstil. Wir sollen einander anspornen durch Wort und Beispiel, so treu wie irgend möglich zu leben, ohne einander zu verurteilen aufgrund einer anderen Erkenntnis. Wir sollen nie vergessen, dass der Maßstab, den wir an andere anlegen, im Gericht auch an uns angelegt wird. Seien wir deshalb demütig und barmherzig miteinander; und seien wir zugleich mutig, den ganzen Ratschluss Gottes ohne Abstriche zu lehren.

Anhang 3: Eine frühchristliche Predigt

Stellen wir uns vor, der Herr Jesus wäre nicht im Jahr 30 n.Chr. auferstanden, sondern im Jahr 1930. Der Tempel wäre nicht 70 n.Chr. zerstört worden, sondern 1970. Die Brüder, die heute 60 oder 70 Jahre alt wären und als Älteste dienen, wären als junge Männer zu den Füßen der Apostel selbst gesessen. Ihre Eltern hätten den Herrn vielleicht sogar persönlich gekannt.

Die Predigt, die ich hier wiedergebe, stammt aus der ersten Hälfte des zweiten Jahrhunderts, würde also (um in der Zeitverschiebung zu bleiben) in unseren Tagen gehalten werden. Der Prediger war möglicherweise ein Wegbegleiter der Apostel, jedenfalls stammt er aus dieser Generation. Vielleicht war er auch einmal in Jerusalem und sprach mit den Ältesten dort. Unter den Zuhörern sitzen vielleicht Greise, die den Herrn als Kinder noch gesehen haben, die von den Anfängen der Gemeinde an dem Herrn Jesus nachfolgen.

Diese Schrift, genannt der zweite Brief des Klemens, galt bis ins dritte Jahrhundert hinein in vielen Gemeinden sogar als Teil des Neuen Testamentes. Auch wenn es für uns vielleicht offensichtlich ist, dass er nicht inspiriert ist (obwohl es fraglich ist, ob wir wirklich dieses Urteilsvermögen haben – Luther hätte den Jakobusbrief beispielsweise nicht aufgenommen), so ist doch der Inhalt ein Beispiel dafür, wie damals eine Predigt aussah, die allgemein anerkannt wurde.

Ich gebe den Text in der Folge nach der Bibliothek der Kirchenväter wieder, die online verfügbar ist unter: http://www.unifr.ch/bkv/ Dieses Beispiel einer frühchristlichen Predigt zeigt deutlich, dass der von mir in den vorigen Seiten dargelegte Standpunkt keineswegs eine neue Lehre ist, sondern der Heilsweg, den die Christen von Anfang an lehrten.

Der Zweite Brief des Klemens

1. Kap. Unsere Anschauung über Christus und sein Erlösungswerk muss erhaben sein.

1. Brüder, wir müssen von Jesus Christus so denken wie von Gott, wie von einem Richter über Lebende und Tote[2]; und wir dürfen nicht gering denken über unser Heil. 2. Wenn wir nämlich gering von ihm denken, hoffen wir auch wenig von ihm zu erlangen; und die es anhören wie etwas Geringfügiges, sündigen,

---

[2] Apg. 10,42.

und auch wir sündigen, wenn wir nicht wissen, von woher, von wem und wohin wir berufen sind, und welche große Leiden Jesus Christus unseretwegen auf sich genommen hat. 3. Was für eine Entgeltung wollen wir ihm nun geben oder welchen Lohn, der dem, was er uns gegeben hat, entsprechend wäre? Wie viele Gaben schulden wir ihm? 4. Denn das Licht hat er uns geschenkt, wie ein Vater hat er uns seine Söhne genannt, vor dem drohenden Untergang hat er uns gerettet. 5. Was für ein Lob wollen wir ihm nun geben oder welchen Lohn als Gegengabe für das, was wir von ihm empfangen haben? 6. Blind war unsere Einsicht, da wir Werke der Menschen, Steine, Holz, Gold, Silber und Erz anbeteten; und unser ganzes Leben war nichts anderes als der Tod. Dunkelheit lagerte um uns, und unser Auge war voll von einer solchen Finsternis: da wurden wir sehend, als wir durch seinen Willen ablegten jene Finsternis, die uns umgab. 7. Denn er erbarmte sich unser, und aus Mitleid errettete er uns, da er in uns viel Irrtum und Verderben sah, während wir keine Hoffnung auf Rettung hatten außer von ihm. 8. Denn er rief uns, da wir nicht waren, und er wollte, dass wir aus dem Nichts ins Dasein traten.

2. Kap. In der einst unfruchtbaren; jetzt fruchtbaren Kirche will Christus die sonst Verlorenen retten.

1. "Frohlocke, du Unfruchtbare, die du nicht gebierst, jauchze auf und rufe, die du keine Wehen hast; denn die Kinder der Alleinstehenden sind zahlreicher als die Kinder derer, die den Mann hat"[3]. Mit den Worten: "Frohlocke, du Unfruchtbare, die du nicht gebierst", meint er uns; denn unsere Kirche war unfruchtbar, bevor ihr Kinder geschenkt waren. 2. Mit den Worten aber: "Rufe, die du keine Wehen hast", meint er dies: Wir sollen unsere Gebete einfach Gott vortragen, damit wir nicht wie die Kreißenden uns übel benehmen. 3. Sodann wollen die Worte: "Denn die Kinder der Alleinstehenden sind zahlreicher als die Kinder derer, die den Mann hat", besagen: Da unser Volk von Gott verlassen zu sein schien, sind wir jetzt, nachdem wir gläubig geworden, zahlreicher als die, welche sich den Anschein gaben, Gott zu besitzen. 4. Eine andere Schriftstelle sagt: "Ich bin nicht gekommen, Gerechte, sondern Sünder zu berufen"[4]. Dies sagte er, weil man die Untergehenden retten muss. 6. Denn das ist groß und bewunderungswürdig, nicht das Stehende zu stützen, sondern das Fallende. 7. So wollte auch Jesus Christus das Untergehende retten, und er hat viele gerettet, da er erschienen ist und uns berufen hat, die wir schon am Verderben waren.

3. Kap. Bekenntnis Christi und echte Gottesverehrung ist notwendig.

1. Da er nun uns gegenüber soviel Erbarmen geübt hat, so ist es das erste, dass wir, die Lebenden, den toten Göttern nicht opfern und sie nicht verehren; vielmehr haben wir durch ihn den Vater der Wahrheit erkannt; worin besteht die

---

[3] Is. 54,1; Gal. 4,27.
[4] Matth. 9,13; Mark. 2,17; Luk. 5,32.

zu ihm (= Gott) führende Erkenntnis anders als im Bekenntnis dessen, durch den wir ihn erkannt haben? 2. Auch er selbst sagt: "Wer mich vor den Menschen bekennt, den werde ich auch vor meinem Vater bekennen"[5]. 3. Dies also ist unser Lohn (für ihn), wenn wir den bekennen, durch den wir erlöst worden sind. 4. Wodurch sollen wir ihn aber bekennen? Wenn wir tun, was er sagt, und seine Gebote nicht überhören und ihn nicht bloß mit den Lippen ehren, sondern aus ganzer Seele und aus ganzer Gesinnung. 5. Es heißt nämlich bei Isaias: "Dieses Volk ehrt mich mit den Lippen, aber ihr Herz ist weit weg von mir"[6].

4. Kap. Die echte Gottesverehrung besteht nicht in schönen Worten, sondern in guten Werken.

1. Wir wollen ihn daher nicht Herr nennen; denn das wird uns nicht retten. 2. Er sagt nämlich: "Nicht jeder, der zu mir sagt: Herr, Herr, wird gerettet werden, sondern wer die Gerechtigkeit übt"[7]. 3. Deshalb, Brüder, wollen wir ihn bekennen durch die Werke, dadurch, dass wir einander lieben, die Ehe nicht brechen, nichts Böses über den anderen reden, nicht eifersüchtig sind, vielmehr enthaltsam, barmherzig und gütig sind; auch müssen wir Mitleid miteinander haben und dürfen nicht geldgierig sein. Durch diese und nicht durch die entgegengesetzten Werke wollen wir ihn bekennen; 4. auch müssen wir Gott mehr fürchten als die Menschen. 5. Deshalb spricht der Herr, wenn ihr dieses tut: "Wenn ihr eingeschlossen seid in meinem Busen, aber meine Gebote nicht haltet, werde ich euch verwerfen und zu euch sprechen: Weichet von mir, ich kenne euch nicht; woher seid ihr, Vollbringer böser Werke?"[8]

5. Kap. Das Leben dieser Welt und ihre Güter und Macht sind hinfällig.

1. Deshalb, Brüder, wollen wir aufgeben das Verweilen in dieser Welt und den Willen dessen tun, der uns berufen hat und uns nicht fürchten vor dem Abschied aus dieser Welt. 2. Denn der Herr sagt: "Ihr werdet sein wie Schafe mitten unter Wölfen"[9]. 3. Und Petrus gab ihm zur Antwort: "Wenn nun die Wölfe die Schafe zerreißen?"[10] 4. Jesus sagte zu Petrus: "Die Schafe sollen sich nach ihrem Tode vor den Wölfen nicht fürchten; auch ihr sollt die nicht fürchten, die euch töten, aber euch sonst nichts antun können; fürchtet vielmehr den, der nach eurem Tode die Macht hat, Seele und Leib in das Feuer der Hölle zu stürzen"[11]. 5. Auch wollet ihr bedenken, Brüder, dass der Aufenthalt in dieser Welt des Fleisches kurz und von geringer Dauer, die Verheißung Christi aber groß und wunderbar ist und Ruhe im künftigen Reiche und im ewigen Leben. 6. Was

---

[5] Matth. 10,32; Luk. 12,8.
[6] Is. 29,13; Matth. 15,8; Mark. 7,6.
[7] Matth. 7,21.
[8] Quelle unbekannt.
[9] Vergl. Matth. 10,16; Luk. 10,3.
[10] Quelle unbekannt.
[11] Matth. 10,28; Luk. 12,4.5.

müssen wir nun tun, um diese Güter zu erlangen? Nichts als heilig und gerecht wandeln, die Dinge dieser Welt für feindlich halten und ihrer nicht begehren. 7. Denn wenn wir nach ihrem Besitze verlangen, verlieren wir den Weg der Gerechtigkeit.

6. Kap. Nur der Verzicht auf diese und der Anschluss an die künftige Welt sichert uns das ewige Heil.

1. Es sagt aber der Herr: „Kein Untergebener kann zwei Herren dienen"[12] 4. Wenn wir Gott und dem Mammon dienen wollen, so ist dies uns unzuträglich. 2. Denn was nützt es, wenn jemand die ganze Welt gewinnt, aber an seiner Seele Schaden leidet?[13] 3. Die jetzige und die zukünftige Welt sind zwei Feinde. 4. Die jetzige predigt Ehebruch, (sittliches) Verderben, Geldgier und Trug, die andere widersagt diesem. 5. Wir können also nicht beider Freund sein; wir müssen dieser Welt entsagen und uns der anderen anschließen. 6. Wir sind der Meinung, dass es besser ist, die Dinge dieser Welt zu hassen, weil sie gering, von kurzer Dauer und hinfällig sind, die der anderen aber zu lieben, die gut und unvergänglich sind. 7. Wenn wir nämlich den Willen Christi erfüllen, werden wir Ruhe finden; wo nicht, wird nichts uns vor der ewigen Strafe erretten, wenn wir nämlich auf seine Gebote nicht hören. 8. Die Schrift sagt auch bei Ezechiel: "Wenn Noë und Job und Daniel aufstehen, so werden sie ihre Kinder nicht befreien, die in der Gefangenschaft sind"[14]. 9. Wenn aber selbst solche Gerechte es mit ihrer Gerechtigkeit nicht vermögen, ihre eigenen Kinder zu befreien, worauf können dann wir bauen, dass wir eingehen dürfen in das Reich Gottes, wenn wir die Taufe nicht rein und unbefleckt bewahren? Oder wer wird unser Beistand sein, wenn wir nicht erfunden werden mit heiligen und gerechten Werken?

7. Kap. Nur wer gesetzmäßig kämpft, wird gekrönt.

1. So lasst uns denn kämpfen, meine Brüder; denn wir wissen ja, dass der Kampf uns vorgelegt ist und dass zu den vergänglichen Kämpfen viele herbeisegeln, aber nicht alle gekrönt werden, wenn sie nicht vieles auf sich genommen und rühmlich gekämpft haben.[15] 2. Wir also wollen kämpfen, damit wir alle gekrönt werden. 3. So wollen wir denn laufen auf dem geraden Weg, und wollen zahlreich herbeisegeln zu dem unvergänglichen Kampf und wollen ihn kämpfen, damit wir auch gekrönt werden; wenn wir auch nicht alle gekrönt werden können, so wollen wir doch der Krone möglichst nahe kommen. 4. Wir müssen nämlich wissen, dass, wer beim vergänglichen Wettkampf sich beteiligt

---

[12] Luk. 16,13; Matth. 6,24.
[13] Matth. 16,26; Mark. 8,36; Luk. 9,25.
[14] Ezech. 14,14.18.20.
[15] Vergl. 1Kor. 9,24.25.

und dabei auf einem Betrug ertappt wird, dass dieser gegeißelt, ausgeschieden und zum Kampfplatz hinausgeworfen wird. 5. Was meint ihr, dass dem widerfährt, der beim unvergänglichen Kampfe betrügt? 6. Denn von denen, die das Siegel nicht bewahren, heißt es: "Ihr Wurm wird nicht sterben und ihr Feuer nicht erlöschen, und sie werden für alles Fleisch am Pranger stehen"[16].

8. Kap. Die Buße muss in diesem Leben erfolgen.

1. Solange wir also auf Erden sind, geschehe unsere Sinnesänderung. 2. Denn wir sind Lehm in des Meisters Hand; wie nämlich der Töpfer, wenn er ein Gefäß fertigt, es in seinen Händen umbiegt und zusammendrückt und dann es wieder neugestaltet, wenn er es aber einmal in den Brennofen gebracht hat, ihm nicht mehr nachhelfen kann, so wollen auch wir, solange wir in dieser Welt sind, was wir im Fleische Böses getan, aus ganzem Herzen bereuen, damit wir vom Herrn gerettet werden, solange wir noch Zeit zur Umkehr haben. 3. Denn wenn wir einmal diese Welt verlassen haben, so kann es im Jenseits kein Bekenntnis und keine Umkehr mehr geben. 4. Wenn wir also, Brüder, den Willen des Vaters tun, das Fleisch rein bewahren und die Gebote des Herrn halten, werden wir ewiges Leben empfangen. 5. Der Herr sagt nämlich im Evangelium: "Wenn ihr auf das Kleine nicht acht habet, wer wird euch das Große geben? Denn ich sage euch, dass der im Geringsten Getreue auch im Großen getreu ist"[17]. 6. Damit also meint er dieses: Bewahrt euren Leib heilig und das Siegel unverletzt, auf dass wir das ewige Leben empfangen.

9. Kap. Dieses Fleisch wird auferstehen und gerichtet werden; danach richtet euch in diesem Leben!

1. Und keiner von euch sage, dass dieses Fleisch nicht gerichtet wird und nicht aufersteht. 2. Bedenket, worin seid ihr erlöst worden, worin ging euch das Licht auf, wenn nicht während eures Wandels in diesem Fleische? 3. Deshalb müssen wir dieses Fleisch behüten wie einen Tempel Gottes. 4. Wie ihr nämlich im Fleische berufen worden seid, so werdet ihr auch im Fleische (zu ihm) kommen. 5. Wenn nämlich Christus, der Herr, unser Erlöser, der zuerst Geist war, Fleisch geworden ist und so uns berufen hat, so werden auch wir in diesem Fleische unseren Lohn bekommen. 6. Daher wollen wir einander lieben, damit wir alle in das Reich Gottes kommen. 7. Solange wir Zeit haben zur Heilung, wollen wir uns dem heilenden Gotte anvertrauen, indem wir ihm dafür Vergeltung geben. 8. Welche? Die Reue aus aufrichtigem Herzen. 9. Denn er weiß alles voraus und er kennt das in unserem Herzen Verborgene. 10. Zollen wir ihm daher Lob, aber nicht nur mit dem Munde, sondern auch mit dem Herzen, damit er uns aufnehme

---

[16] Is. 68,24; vergl. Mark. 9,44.46.48.
[17] Luk. 16,10-12.

wie Söhne! 11. Denn der Herr hat auch gesagt: "Meine Brüder sind die, welche den Willen meines Vaters tun"[18].

10. Kap. Warnung vor der Sünde und dem irdischen Vergnügen, das Schmerz bereitet.

1. Darum, meine Brüder, wollen wir den Willen des Vaters tun, der uns berufen hat, damit wir leben, und darum wollen wir lieber der Tugend nachstreben; die Leichtfertigkeit aber wollen wir verlassen als die Wegbereiterin für unsere Sünden, und die Gottlosigkeit wollen wir fliehen, damit das Böse nicht Besitz von uns ergreife. 2. Denn wenn wir eifrig sind in guten Werken, wird uns Friede folgen. 3. Ihn können deshalb unmöglich Leute finden, welche sich mit menschlichen (= irdischen) Sorgen abgeben, da sie den gegenwärtigen Genuss vorgezogen haben der kommenden Verheißung. 4. Sie wissen nämlich nicht, welche Plage der Genuss dieses Lebens mit sich bringt, und welche Wonne die künftige Verheißung in sich trägt. 5. Und wenn sie nur für sich allein so handeln würden, dann wäre es erträglich; nun aber belehren sie immerfort die unschuldigen Seelen im Bösen, ohne zu bedenken, dass sie ein zweifaches Gericht bekommen werden, sie selbst und ihre Jünger.

11. Kap. Wir dürfen die Hoffnung nicht verlieren; Gottes Reich und Gottes Lohn werden kommen.

1. Wir wollen daher mit reinem Herzen Gott dienen, dann werden wir gerecht sein; wenn wir aber diesen Dienst unterlassen, weil wir der Verheißung Gottes nicht trauen, werden wir unglücklich sein. 2. Denn also spricht das Wort des Propheten: "Unglücklich sind die Zweifler, die schwanken in ihrem Herzen und sprechen: Das haben wir längst gehört auch schon zur Zeit unserer Väter, und wir haben von einem Tag zum anderen gewartet und nichts davon gesehen. 3. O ihr Toren, vergleichet euch mit dem Baume! Nehmet den Weinstock! Zuerst verliert er Blätter, dann treibt er Schößlinge, dann saure Trauben und dann erst ist die reife Traube da. 4. So hatte auch mein Volk Mühen und Trübsal; dann wird es Wohltaten empfangen"[19]. 5. So wollen wir also, meine Brüder, nicht zweifeln, sondern in Hoffnung ausharren, damit wir auch den Lohn empfangen. 6. Denn getreu ist der, welcher versprochen hat, einem jeden seinen Lohn zu geben nach seinen Werken. 7. Wenn wir also die Gerechtigkeit üben vor Gott, werden wir in sein Reich kommen und die Verheißungen empfangen, die kein Ohr gehört, kein Auge gesehen, die in keines Menschen Herz gedrungen[20].

12. Kap. Die Zeit der Ankunft des Reiches ist unbekannt; ein Zeichen hierfür.

---

[18] Matth. 12,50; Mark. 3,35; Luk. 8,21.
[19] Quelle unbekannt.
[20] 1Kor. 2,9.

1. Wir wollen daher zu jeder Zeit das Reich Gottes in Liebe und Gerechtigkeit erwarten, da wir ja den Tag der Erscheinung Gottes nicht kennen. 2. Als nämlich der Herr von jemand gefragt wurde, wann sein Reich kommen werde, erwiderte er: Wenn zwei eins sein werden, das Äußere wie das Innere, das Männliche beim Weiblichen, weder männlich noch weiblich[21]. 3. Zwei aber sind eins, wenn wir zueinander die Wahrheit reden und in zwei Körpern ohne Trug und Falsch eine Seele wohnt. 4. Und das Äußere wie das Innere besagt: die Seele bedeutet das Innere, das Äußere bedeutet den Leib. Wie nun dein Körper erscheint, so soll auch deine Seele offenbar sein in guten Werken. 5. Und das Männliche beim Weiblichen, weder männlich noch weiblich, das bedeutet: dass ein Bruder, wenn er eine Schwester sieht, bei ihr nicht an das Weib, noch sie bei ihm an den Mann denke. 6. Wenn ihr dieses tut, sagt er, wird das Reich meines Vaters kommen.

13. Kap. Man darf den Heiden kein Ärgernis geben durch ein Handeln, das der Lehre Christi widerspricht.

1. Wohlan, Brüder, jetzt wollen wir einmal Buße tun, dem Guten zustreben! denn wir sind voll von Torheit und Schlechtigkeit. Abwaschen wollen wir von uns die früheren Sünden, wollen von Herzen Buße tun und so Erlösung finden, nicht den Beifall der Menschen suchen und nicht bloß unter uns Anerkennung erstreben, sondern auch bei den Außenstehenden auf Grund der Gerechtigkeit, damit nicht durch uns der Name (Gottes) entehrt werde. 2. Denn der Herr sagt: "Überall wird mein Name entehrt bei allen Völkern"[22], und wiederum: "Wehe dem, durch den mein Name entehrt wird"[23]. Wodurch wird er entehrt? Dadurch, dass ihr meinen Willen nicht tut. 3. Wenn nämlich die Heiden aus unserem Munde die Aussprüche Gottes hören, staunen sie darüber als über gute und erhabene (Worte); wenn sie aber hernach bemerken, dass unsere Werke den Worten, die wir reden, nicht entsprechen, kommen sie infolgedessen zur Gotteslästerung und sagen: es sei irgendein Mythus und Irrtum. 4. Wenn sie nämlich von uns hören, dass Gott sagt: "Ihr bekommt keinen Dank, wenn ihr die liebet, die euch lieben, aber ihr bekommt Dank, wenn ihr eure Feinde liebet und die, welche euch hassen"[24], wenn sie dies hören, werden sie staunen über die übergroße Güte; wenn sie aber sehen, dass wir nicht nur die uns Hassenden nicht lieben, sondern nicht einmal die uns Liebenden, dann lachen sie über uns und der Name wird entehrt.

14. Kap. Die Kirche bestand als geistige Kirche längst bevor sie im Fleische Christi sichtbar erschienen ist.

---

[21] Quelle unbekannt.
[22] Is. 52,5.
[23] Quelle unbekannt.
[24] Luk. 6,32.35.

1. Wenn wir also, Brüder, den Willen Gottes, unseres Vaters, tun, werden wir angehören der ersten, der geistigen Kirche, die vor Sonne und Mond gestiftet ist; wenn wir aber den Willen des Herrn nicht tun, werden wir zu der gehören, von der die Schrift sagt: "Mein Haus ist geworden zu einer Räuberhöhle"[25]. Deshalb wollen wir es vorziehen, der Kirche des Lebens anzugehören, auf dass wir gerettet werden. 2. Ich glaube, es ist euch wohlbekannt, dass die lebende Kirche der Leib Christi ist[26]; denn die Schrift sagt: "Gott schuf den Menschen als Männliches und Weibliches"[27]; das Männliche ist Christus, das Weibliche die Kirche. Auch die Bücher der Propheten und die Apostel (lehren), dass die Kirche nicht aus der jetzigen Zeit stamme, sondern aus früheren Zeiten; sie war nämlich geistig, wie auch unser Jesus; aber in den letzten Tagen ist er sichtbar erschienen, damit er uns erlöse. 3. Die Kirche aber, die geistig ist, ist in dem Fleische Christi erschienen, um uns kund zu tun, dass, wer sie von uns behütet im Fleische und sie nicht entehrt, sie bekommen wird im Heiligen Geiste; denn dieses Fleisch ist das Abbild des Geistes; keiner also wird das Urbild bekommen, der das Abbild entehrt hat. Demnach also, Brüder, hat dies den Sinn: behütet das Fleisch, damit ihr teilbekommet am Geiste. 4. Wenn wir aber sagen, das Fleisch sei die Kirche und der Geist Christus, so hat also die Kirche geschändet, wer das Fleisch geschändet hat. Ein solcher wird also nicht teilhaben am Geiste, der Christus ist. 5. Ein solch unsterbliches Leben kann dieses Fleisch bekommen, wenn der Heilige Geist mit ihm sich verbindet, und niemand kann es aussprechen und kundtun, was Gott seinen Auserwählten bereitet hat[28].

15. Kap. Wer den Rat zur Enthaltsamkeit gibt und wer ihn befolgt, verdient sich großen Lohn.

1. Wir sind nicht der Meinung, einen geringfügigen Rat gegeben zu haben betreffs der Enthaltsamkeit; wer ihn befolgt, wird es nicht bereuen, sondern er wird sowohl sich retten als auch mich, den Ratgeber. Denn es ist kein geringes Verdienst, eine verirrte, dem Verderben zueilende Seele zum Heile zu bekehren. 2. Denn das ist die Vergeltung, die wir Gott, unserem Schöpfer, abstatten können, dass der Redende und der Hörende mit Glauben und Liebe redet und hört. 3. Halten wir also gerecht und heilig aus bei dem, was wir geglaubt haben, damit wir in Freimut zu Gott beten, der spricht: "Während du noch redest, will ich antworten; siehe, ich bin da"[29]. 4. Denn dieses Wort ist ein Zeichen seiner großen Verheißung; denn der Herr sagt, er sei eher bereit zum Geben als der Bittende (zum Bitten). 5. Da wir also teilhaben an so großer Güte, wollen wir

---

[25] Jer. 7,11; Matth. 21,13.
[26] Ephes. 1,22.23.
[27] Gen. 1,27.
[28] 1Kor 2,9.
[29] Is. 58,9.

einander nicht beneiden, wenn wir so große Wohltaten bekommen. Denn so groß die Freude ist für die, welche nach diesen Worten handeln, so groß die Verdammung für die, welche ihnen nicht gehorchen.

16. Kap. Vorbereitung auf das Gericht, besonders durch Almosen.

1. Daher wollen wir, Brüder, einen kräftigen Anlauf nehmen zur Buße, wollen zur rechten Zeit uns hinkehren zu Gott, der uns berufen hat, da wir den noch haben, der uns aufnimmt. 2. Wenn wir nämlich diesen Lüsten entsagen und uns überwinden dadurch, dass wir die bösen Begierden der Seele nicht erfüllen, werden wir das Erbarmen Jesu erlangen. 3. Wisset nämlich, dass bereits der Tag des Gerichtes kommt wie ein glühender Ofen, und ein Teil der Himmel wird schmelzen[30], und die ganze Erde (wird sein) wie Blei, das auf dem Feuer schmilzt, und dann werden sichtbar werden die geheimen und offenen Werke der Menschen. 4. Gut ist nun Almosen als Buße für die Sünde; Fasten ist besser als Gebet, mehr als beides ist das Almosen; denn die Liebe deckt eine Menge Sünden zu[31], das aus gutem Gewissen kommende Gebet errettet von dem Tode. Glückselig jeder, der in diesen (Tugenden) vollkommen erfunden wird; das Almosen nämlich macht die Sünde leichter.

17. Kap. Die Gläubigen sollen sich gegenseitig im Guten fördern und den Gewinn der Predigt zu Hause zeigen; denn das Gericht wird Lohn den Guten, Strafe den Bösen bringen.

1. Daher wollen wir aus ganzem Herzen Buße tun, damit keiner aus uns verloren gehe. Wenn wir nämlich Auftrag haben, auch das zu tun, nämlich von den Götzen abzulenken und (in der christlichen Lehre) zu unterrichten, um wieviel weniger darf eine Gott schon kennende Seele verloren gehen? 2. Helfen wir also einander, auch die Schwachen an das Gute heranzubringen, damit wir alle gerettet werden, wir einander bekehren und ermuntern. 3. Und nicht nur jetzt, da wir von den Presbytern Ermahnungen bekommen, wollen wir gläubig und aufmerksam erscheinen, sondern auch wenn wir von hier nach Hause kommen, wollen wir der Gebote des Herrn eingedenk sein und uns nicht von den weltlichen Begierden verleiten lassen, sondern, indem wir fleißiger (hierher) kommen, wollen wir versuchen, in den Geboten Gottes Fortschritte zu machen, damit wir alle eines Sinnes[32] versammelt seien zum Leben. 4. Denn der Herr hat gesagt: "Ich komme, um alle Völker, Stämme und Sprachen zu versammeln"[33]. Damit meint er den Tag seines Erscheinens, wenn er kommen und uns erlösen

---

[30] Malach. 4,1; Is. 34,4.
[31] 1Petr. 4,8.
[32] Röm. 12,16.
[33] Is. 66,18.

wird, jeden nach seinen Werken. 5. Und sehen werden seine Herrlichkeit[34] und seine Macht die Ungläubigen, und sie werden verwundert anstaunen das Weltreich Jesu und sagen: Wehe uns, da du warst, und wir wussten es nicht und glaubten nicht und gehorchten nicht den Presbytern, die uns von unserem Heile predigten; und ihr Wurm wird nicht sterben und ihr Feuer nicht erlöschen, und sie werden am Pranger stehen für jegliches Fleisch[35]. 6. Er meinte jenen Tag des Gerichtes, wenn sie diejenigen sehen werden, die unter uns gottlos lebten und die Gebote Jesu Christi übertraten. 7. Wenn aber die Gerechten, die Gutes taten, die Prüfungen bestanden und die Lüste der Seele hassten, sehen, wie die vom Ziele Abgeirrten, die in Wort und Tat Jesus verleugneten, mit schrecklichen Qualen durch das unauslöschliche Feuer gepeinigt werden, werden sie ihren Gott verherrlichen und sprechen: Gute Hoffnung wird sein für den, der Gott aus ganzem Herzen gedient hat.

18. Kap. Ermunterung an die Zuhörer und an den Prediger selbst.

1. Auch wir wollen zu denen gehören, die Dank sagen, die Gott gedient haben, und nicht zu den verdammten Bösen! 2. Denn auch ich selbst, der ich voller Sünden bin und der Versuchung noch nicht entronnen, sondern noch mitten in den (Verführungs-) Künsten des Teufels, bemühe mich, nach der Gerechtigkeit zu streben, damit ich imstande sei, nahe an sie heranzukommen, denn ich fürchte das kommende Gericht.

19. Kap. Schlussermahnung und besondere Aufforderung zur Geduld im irdischen Leid, da ihm ewige Freude folgt.

1. Brüder und Schwestern! Nachdem der Gott der Wahrheit geredet, will also ich euch die Mahnung vorlesen, dass ihr euch halten sollt an das, was geschrieben steht, damit ihr euch selbst rettet und den, der unter euch vorliest; als Lohn erbitte ich, dass ihr Buße tut aus ganzem Herzen und so euch selbst Heil und Leben gebet. Denn dadurch setzen wir all den Jungen ein Ziel, die entschlossen sind, um Frömmigkeit und die Güte Gottes sich zu bemühen. 2. Und da wir nicht weise sind, wollen wir es nicht übel aufnehmen und uns nicht gekränkt fühlen, wenn einer uns warnt und von der Ungerechtigkeit zur Gerechtigkeit uns bekehrt. Denn manchmal merken wir es nicht, wenn wir Böses tun wegen des Zweifelns und des schwachen Glaubens, der in unserer Brust wohnt, und unser Geist ist verdunkelt[36] von den eitlen Begierden. 3. Darum lasst uns die Gerechtigkeit üben, dass wir schließlich gerettet werden. Glückselig, die diese Vorschriften befolgen; auch wenn es ihnen kurze Zeit auf dieser Welt übel ergeht, so werden sie doch die unsterbliche Frucht der Auferstehung ernten. 4. Deshalb soll sich der Fromme nicht kränken, wenn er in

---

[34] Ebd. 66,18.
[35] Ebd. 66,24.
[36] Ephes. 4,17.18.

dieser Zeit dulden muss; eine glückselige Zeit wartet auf ihn; dort oben wird er neu aufleben unter den Vätern und wird frohlocken durch eine selige Ewigkeit.

20. Kap. Das Glück der Gottlosen darf uns nicht verwirren; die Gerechten bekommen ihren Lohn im Jenseits.

1. Aber auch dies soll euch nicht beunruhigen, dass wir die Bösen in Reichtum und die Diener Gottes in Armut sehen. 2. Wir wollen den Glauben festhalten, Brüder und Schwestern! Wir müssen die Prüfung des lebendigen Gottes bestehen und werden in diesem Leben geschult, damit wir im künftigen gekrönt werden. 3. Keiner der Gerechten hat alsbald seinen Lohn bekommen, sondern er erwartet ihn. 4. Denn wenn Gott den Lohn der Gerechten unverzüglich ausbezahlen würde, dann würden wir eilends ein Geschäft betreiben, aber nicht die Gottesverehrung; denn wir würden als gerecht gelten, nicht wenn wir die Frömmigkeit, sondern den Gewinn erstrebten. Und deshalb verwirft das Gericht einen Geist, der nicht gerecht ist und legt ihn in schwere Ketten. 5. Dem einzigen unsichtbaren Gott, dem Vater der Wahrheit, der uns den Erlöser und den Führer der Unsterblichkeit gesandt, durch den er uns die Wahrheit geoffenbart und das Leben im Himmel, ihm sei die Ehre von Ewigkeit zu Ewigkeit. Amen.

Buchempfehlungen

Nichts für kleine Kinder

Basnar, Alexander

Paperback
76 Seiten
ISBN 978-3-8423-2977-5

Diese kurze aber gründliche Beschreibung der Taufe verdeutlicht ihre radikale Bedeutung im Licht der Botschaft vom Reich Gottes, wie der Herr Jesus es gepredigt hat. Die Taufe ist die Antwort mündiger und entschlossener Menschen auf dieses Evangelium. Rund 600 Millionen Christen weltweit gehören Kirchen an, die eine solche Glaubens- bzw. Erwachsenentaufe praktizieren; und auch in unseren Breiten wird die Taufe von Kindern mehr und mehr infage gestellt.

Zurück zum Start

Basnar, Alexander; Bercot, David W.

Paperback
256 Seiten
ISBN 978-3-7347-4883-7

"Unser Jahrhundert ist das erste Jahrhundert seit dem ersten Jahrhundert, das so ist wie das erste Jahrhundert."

Wer immer dies sagte, traf den Nagel auf den Kopf. Kaum ein Buch kann dies besser illustrieren als David Bercot's bahnbrechendes Werk Zurück zum Start (Engl. Will the Real Heretics Please Stand Up).

Bercot stellt uns darin den Glauben und die Lebenskraft der Christen in der Zeit vor dem Konzil von Nizäa vor, welche sich in einer Umwelt bewähren mussten, die der unseren frappierend ähnelt. Wie aber steht es dabei um uns? Um unseren Glauben und unsere Kraft? Wir lernen in diesem Buch nicht nur die frühen Christen kennen, berühmte Leiter wie Polykarp, Klemens von Rom oder Irenäus, sondern vor allem uns selbst.